U0772594

壮美新疆

晓 边 编著

五洲传播出版社

图书在版编目（CIP）数据

壮美新疆 / 晓边编著. — 北京：五洲传播出版社，2013.6
（魅力新疆）
ISBN 978-7-5085-2524-2

Ⅰ.①壮… Ⅱ.①赵… Ⅲ.①新疆 – 概况 Ⅳ.①K924.5

中国版本图书馆CIP数据核字(2013)第099144号

壮美新疆

编　　著：晓　边

审　　读：静瑞彬

图片提供：新疆维吾尔自治区新闻办公室 居建新 CFP

责任编辑：宋博雅　张彩芸

封面设计：丰饶文化传播有限责任公司

内文设计：北京优品地带文化发展有限公司

出版发行：五洲传播出版社

社　　址：北京市北三环中路31号生产力大楼B座7层

电　　话：0086-10-82007837（发行部）

邮　　编：100088

网　　址：http://www.cicc.org.cn　http://www.thatsbooks.com

印　　刷：北京光之彩印刷有限公司

字　　数：70千字

图　　数：100幅

开　　本：710毫米×1000毫米 1/16

印　　张：12

印　　数：1—3000

版　　次：2014年8月第1版第1次印刷

定　　价：48.00元

（如有印刷、装订错误，请寄本社发行部调换）

出版前言

新疆维吾尔自治区（简称新疆）地处中国西北边陲，面积 166.49 万平方公里，占中国国土面积的 1/6，陆地边境线 5600 多公里，周边与蒙古、俄罗斯、哈萨克斯坦、吉尔吉斯斯坦、塔吉克斯坦、阿富汗、巴基斯坦和印度 8 个国家接壤，是古丝绸之路的重要通道。

新疆有长达数千年的文明史，自古以来就是一个多民族聚居和多宗教并存的地区。从西汉时期（公元前 206 年至公元 25 年）开始，它成为中国统一的多民族国家不可分割的重要组成部分。

新疆是中国 5 个少数民族自治区之一，现有 55 个民族成分，主要包括维吾尔、汉、哈萨克、回、柯尔克孜、蒙古、塔吉克、锡伯、满、乌孜别克、俄罗斯、达斡尔、塔塔尔等。2013 年末，新疆总人口约为 2264.30 万人，其中少数民族人口约占 61%。

新疆有数不清的名胜古迹，有充满传奇色彩的历史故事，有灿烂的民族文化、浓郁的民族风情、多元的宗教信仰；这里地处欧亚大陆腹地，有独特的自然条件，地形多种多样，风光雄浑壮美；这里物产丰饶，有丰富的矿产资源，牛羊成群，粮棉遍野，瓜果四季飘香……新疆是个散发着神奇魅力的地方！

为了让国内外的广大读者了解一个立体的、鲜活的、开放的新疆，我们编辑出版了这套"魅力新疆"丛书。本丛书共 10 册，分别介绍新疆 10 个方面的基本情况。希望本丛书能带您展开一段"魅力新疆"之旅。

2014 年 8 月

目　录

地理格局

"三山夹两盆"

美丽的新疆维吾尔自治区简称"新"，首府乌鲁木齐，地处中国大西北边疆，是中国面积最大的省区，约占中国国土总面积的 1/6。新疆周边邻居不少，与蒙古、俄罗斯、哈萨克斯坦、吉尔吉斯斯坦、塔吉克斯坦、阿富汗、巴基斯坦、印度 8 个国家为邻。

辽阔的新疆大地，面积约 166 万平方千米。如此壮阔的地方，坐落着非凡的大山脉和大盆地。新疆山脉与盆地相间分布，地形、地理基本格局是"三山夹两盆"。雄伟的三山，是天山、昆仑山、阿尔泰山。硕大的两盆，是塔里木盆地、准噶尔盆地。

苍茫的天山山脉横亘在辽阔的新疆大地上，天然地把新疆分隔成南北两部分。人们习惯上把天山山脉以北称为北疆，把天山山脉以南称为南疆。著名的塔里木盆地在南疆，著名的准噶尔盆地在北疆。

与南天山山脉遥遥相望的是昆仑和喀喇昆仑山脉，中国古籍多把

它们统称为昆仑。绵延的昆仑山脉，如巨蟒蜿蜒于亚洲中部，因此，有"莽昆仑"和"亚洲脊柱"之誉。昆仑在新疆境内的山段长 1800 千米，宽约 150 千米，山脊高度多在 5000 米以上。巍峨的喀喇昆仑山群峰海拔均在 6000 米以上，主峰乔戈里峰海拔 8611 米，仅次于世界最高峰珠穆朗玛峰。

阿尔泰山脉位于中国新疆北部和蒙古西部，西北延伸至俄罗斯境内，呈西北—东南走向，长约 2000 千米，海拔 1000—3000 米。中段在中国境内，长约 500 千米。最高的友谊峰海拔 4374 米。美丽富饶的阿尔泰山，蒙古语意为"金山"，因阿尔泰山蕴藏着大量黄金、有色金属和稀有金属等矿产资源而得名。

壮美的天山与巍巍的昆仑山中间夹着中国最大的盆地——塔里木盆地。塔里木盆地面积约 53 万平方千米，盆地中间又包含着中国最大、世界第二大流动沙漠——塔克拉玛干沙漠。

天山与阿尔泰山中间夹着中国第二大的盆地——准噶尔盆地，

巴里坤·天山

准噶尔盆地面积约 38 万平方千米，盆地中间又包含着中国第二大沙漠——古尔班通古特沙漠。

古今中外，许多探险家、旅行家、学者、艺术家、诗人、淘金者都怀着一分好奇、一分敬畏来到雪山、盆地、沙漠，一睹新疆壮美辽阔的风采。

气势磅礴的新疆的山，使人想起远古的圣哲和修行的大师，他们神情淡定，意志坚强，智慧超群。古代的圣贤已走远了，大山却依然在那里苦修。新疆的大山延绵在新疆各处，占新疆大地面积的三分之一还要多。它们都拥有一种庄重的美。新疆的山雄伟浩大，才造就了像塔里木河、额尔齐斯河、伊犁河那样气象不凡的大河。

远距离欣赏新疆的山，你只须抬起头，屏住呼吸，用眼睛和心灵向高远的前方寻觅，你一定能如愿以偿地寻到那如今生约定好似的雪峰，如同远距离注视自己心爱的人儿，你无须详察，就能感应到她的存在、她的气息以及她举手投足间的喜悦和忧伤。

新疆的山赐我以朴实的力量，教我倾听天籁，使我学会了欣赏一种高度。无论是险峻的峰峦、树木、每一朵野花，还是老鹰、小溪和太阳风的音乐，都蕴含着新疆的山的品质。

世界遗产：天山

天山巍峨、冷峻、高洁、逶迤，延绵不绝。

在中国，即使一个人没有到过新疆，他也一定听说过天山。天山自古至今常常出现在文人骚客的诗词里。当代的影视作品中，更是将天山的神秘、大气渲染得淋漓尽致。

在天山脚下出生的我是幸运的。天山的品格渗透进我的童年和我一生的生命旅程中。夏秋一夜，山下花前赏月，别有风味，又大又圆的月亮，诗一般升浮，浮动在天山之上，正如李白诗作《关山月》中写的那样："明月出天山，苍茫云海间。"天山深处有甘泉，清醇、凉爽而不寒肺腑，尽可掬一捧解渴。清晨，你还没有醒，五彩斑斓的鸟儿已在林间啁啾歌唱了。

波澜壮阔的天山横贯亚洲中部，它古称白山，因山上常年积雪，又名大雪山。天山山脉是亚洲最大山系之一，也是世界最大山系之一。同时，它也是世界上距离海洋最远的山系和全球干旱地区最大的山系。天山之长，之宽，远远超出很多人的想象。有人说，绕着天山走一圈，一年都走不完。这也许并不夸张。

天山山脉的东部山段横亘于新疆境内，呈东西走向，长达1700千米，南北宽达250—300千米，延绵到哈萨克斯坦等国境内。天山的头颅，在中国新疆境内，是海拔7435米的托木尔峰。托木尔峰是整个天山山脉的最高峰。天山可谓群峰林立，如海拔6995米的汗腾格里峰，海拔5445米的博格达峰，等等。几乎所有高峰上都终年积雪。由于天山山脉丰富的冰雪资源，使它成为新疆很多河流的发源地。

2013年6月21日上午，在柬埔寨王国首都金边召开的第37届世界遗产大会正式公布，中国"新疆天山"被列入联合国教科文组织《世界遗产名录》中的自然遗产目录。新疆天山世界自然遗产地，由昌吉回族自治州的博格达、巴音郭楞蒙古自治州的巴音布鲁克和阿克苏地区的托木尔、伊犁哈萨克自治州的喀拉峻—库尔德宁四个区域组成，总面积达5759平方千米。

新疆天山是中国西北地区迄今唯一一处世界自然遗产。

天山属于比较年轻的山系，距今约1200—200万年前，天山在其演化过程中发生较为突出的变化，东西向分布，条状隆起，才形成现在的规模。

有人说，天山是"瀚海荒漠中的湿岛"，因为它魁梧的身躯拦住了高空中来自大西洋和北冰洋的大量水汽，带来大量降水，使天山变成干旱区的"水塔"。

天山山脉绝大多数高峰终年被冰雪覆盖，在海拔 3000 米以下的山谷、密林和山地草原之中，却拥有极其丰富的动植物资源。天山马鹿、盘羊、天鹅、旱獭、北山羊、棕熊、雪豹、高鼻羚羊、猞猁等很多珍禽异兽在这里栖息、繁衍，把这里当作它们生活的天堂。

天山山脉由一系列大致平行的山岭组成，其中北天山有阿拉套山、婆罗科努山和依连哈比尔尕山，中天山有乌孙山、那拉提山和额尔宾山，南天山有科克沙勒山、哈尔克他乌山、科克铁克山和霍拉山，东天山有博格达山、巴里坤山和哈尔力克山等，山体极其宽厚。

天山是中国最大的现代冰川区。天山冰川，被很多科学家和探险

天山哈希勒根大坂

家视为奇迹、奇观。据中国科学家考察，新疆天山冰川多达 18000 条，总面积达 24000 平方千米，约占中国冰川总面积的 42%。换句话说，就是中国五分之二以上的冰川在新疆天山。著名的冰川有中国天山一号冰川、博格达山脉冰川、汗腾格里冰川等。

天山高处及其缓坡地带则是另外一番风景。

1994 年 8 月底，我在铁力买其大坂上用气体打火机点火，点不着，用火柴才行。气压之低空气仿佛都凝结了。

再往上就"望尘莫及"了。皑皑白雪之上，乍见冰川，疑是玉龙腾飞，鹤立亭亭，若高傲的美人般冷冰冰却又令人感到回肠荡气，始信岑参

边塞诗中描写的场景："潮海阑干百丈冰"。咳,岂只是百丈冰呵。

亚洲脊柱：昆仑山

昆仑山雄浑、奇伟、静穆、苍茫,气势恢宏……

当你真正走近它,这条巨蟒消失了。

巨蟒早已扩展成了山的海洋:山的那边是山,再那边还是山。高不可攀的峰巅上埋伏着一场场暴风雪,万年不化的积雪使它晶莹夺目。

在中华文明史上,昆仑山被誉为"万山之祖",古人称昆仑山为中华"龙脉之祖"。

新疆境内的昆仑山长 1800 千米,宽约 150 千米。山脊高度多在 5000 米以上。主峰乔戈里峰海拔 8611 米。西段还有很多高于 7000 米的巨大山峰,如 7546 米的慕士塔格峰,它就像一位威严的满头白发的父亲,因此被世人誉为"冰山之父"。慕士塔格峰与 7719 米的公格尔峰和 7595 米的公格尔九别峰,被世人誉为"昆仑三雄"。

喀喇昆仑以乔戈里峰为中心,周边分布着巨大的冰川。新疆境内昆仑山段的冰川面积达 8700 多平方千米;喀喇昆仑山段的冰川面积达 3200 多平方千米;帕米尔山的冰川面积达 2200 平方千米。昆仑山冰川区,是中国的大冰川区之一。

乔戈里峰北坡著名的音苏盖提冰川,长达 40 多千米,是中国目前已知的最长的现代冰川。慕士塔格峰东坡的很多大冰川,长度都在 20 千米以上,冰层厚度都在 100 米以上。

自古以来,昆仑山麓出产中国最高品位的美玉,吸引了很多探险家和收藏家前来考察。

冰山之巅是生命的荒原?不!至少还有令人炫目的太阳、云和鹰。一只只雄鹰使帕米尔高原生动起来,而灿烂的阳光把岩石磨亮。

粗犷凛冽的山风袭来时,山在呼啸,你能清晰地倾听大山的呼吸。

雾封昆仑——摄于喀什·塔什库尔干

没有风时，高原寂无声息，让你享受尘嚣消敛、静谧无边的意境。

在获得旷凉和寂寥感觉的同时，也获得了自由和解脱。背负在身心上的许多凡尘的锁链和桎梏自行脱落、逃遁，消逝得无影无踪。

"金山"：阿尔泰山

阿尔泰山悠缓、润泽、生气、富足，美丽丰饶……

阿尔泰山，是亚洲中部雄伟山系之一，它横亘于新疆东北部，是中、蒙、俄三国的界山。位于中国境内的山段，呈北西—南东走向，延伸约400—600千米。阿尔泰山山岭海拔均在3000米左右，最高的友谊峰海拔4374米。

帕米尔高原

阿尔泰山蕴藏着大量黄金，阿尔泰山在蒙古语里意为"金山"。

阿尔泰山现代冰川发达，其中，面积最大的喀纳斯冰川就长达12千米，其他大型冰川420条，总面积达293平方千米，水源充足，发育出中国唯一流入北冰洋的河流——额尔齐斯河。

阿尔泰山的植物种类很多，有2000余种之多，如珍贵的白桦树等。阿尔泰山的野生动物资源极其丰富。据统计，大约有哺乳动物60种，鸟类300种，鱼类20多种，爬行动物和两栖动物11种。

景色最宜人的山是阿尔泰山，它曾把夏日的美景展示给我们。驻足阿尔泰山山地草原，使我熟悉了阿尔泰山的天空、森林、溪流、湖泊和羊群，还有山上山下的奇花异草、黄金和其它丰富的矿物宝藏。

阿尔泰山区的牧民自豪地说他们的牛羊了不得："吃的是中草药，喝的是矿泉水，走的是黄金路。"美丽的阿尔泰山，美丽的新疆大草原！

"聚宝盆"：塔里木盆地

塔里木盆地是中国面积最大的内陆盆地，位于中国新疆南部。它也是世界第一大内陆盆地。塔里木盆地北有天山，南有昆仑山，被这两座山夹在中间。东西长 1500 千米，南北宽 300—600 千米，面积达 53 万平方千米，相当于 700 个新加坡。虽然是盆地，但海拔高度在 800 至 1300 米之间，地势西高东低。

美丽富饶的塔里木盆地是一个聚宝盆。首先是棉花，塔里木的长绒棉闻名世界。自古以来，塔里木盆地就是中国最大的、历史最悠久的内陆产棉区。塔里木盆地的光照是最充足的，这为优质长绒棉的生产提供了非常有利的条件。热量充足，就能充分满足中、晚熟陆地棉和长绒棉的生长需要。

晚上凉得像冰窖，白天热得赛火炉。塔里木盆地昼夜温差极大，有利于各种农作物积累养分，但对害虫却是致命打击，因此，塔里木盆地是世界上优质棉种植的主产、高产、稳产区。

塔里木盆地周边地区，一到夏秋，瓜果飘香。库尔勒的香梨、库车的白杏、阿图什的无花果、叶城的石榴、和田的红葡萄、喀什的薄壳核桃……

在叶城等地已发现高产油田，和田的地毯，享誉全球……

塔里木盆地这个巨大"盆子"的边沿是绿洲。塔里木盆地各河均汇入塔里木河。这个巨大的盆子里面装着中国第一大沙漠、世界第二大流动沙漠——塔克拉玛干沙漠。

塔克拉玛干沙漠极为干旱，降水量几乎可以忽略不计，有"死亡之海"之称。没有水就没有生命，盆地边缘砾石带，表面由 2—3 米

塔里木盆地

厚砾层组成，即使地面有水，也全都渗入地下，因此这里寸草不生。

塔里木盆地的东部是著名的罗布泊，罗布泊中心地带由盐壳组成。罗布泊在远古时代，一直是一个移动的大湖。而它的周边，是风蚀雅丹地形。

塔里木盆地这个巨大的盆子里的水，大都汇集在了塔里木河里。塔里木河是中国最长的内陆河，最长时全长在 2000 千米以上。

塔里木河下游形成的冲积平原，土地肥沃，有丰富的地上地下资源。无边无际的胡杨林，面积之广，比一个欧洲国家的面积都大。

塔里木盆地的胡杨林，在一定程度上有效地抵御了肆虐的风沙，对极端干旱的气候有所调节，同时也产出了大量的木材。

塔里木盆地，这个世界上第一大内陆盆地的地下，还埋藏着无数的古代文明遗迹和矿物宝藏。在塔克拉玛干沙漠，更蕴藏着极其丰富的石油。

说塔里木盆地是"聚宝盆"，绝对名副其实。

中国第二大盆地：准噶尔盆地

准噶尔盆地在新疆是第二大盆地，也就意味着它在中国也是第二大盆地。

尽管准噶尔盆地与世界第一大内陆盆地塔里木盆地相比，要小得多，像一个小巴掌。可这个小巴掌的绝对面积依然达到了惊人的 38 万平方千米，相当于 500 多个新加坡的面积。它东西长约 1100 千米，南北宽 300—400 千米。

准噶尔盆地位于位于中国新疆北部。它的四周也被山脉包围，特别是被天山山脉、阿尔泰山山脉夹持。它的腹部很大，有中国第二大沙漠——古尔班通古特沙漠。

准噶尔盆地冬季异常寒冷，通常一场大雪接着一场大雪。当地牧民会根据雪地上留下的野生动物足迹判断是什么野生动物光顾了附近的雪野，成群结队的野兔、黄羊、野驴、狐狸、狼，将这片辽阔盆地演绎成野生动物的天堂。

准噶尔盆地的夏季雨水相对充足，再加上冰川和融雪水补给，草长莺飞，是当地牧民天然的优良牧场。于是，这里随处可见"风吹草低见牛羊"的场景，如诗如画。

古尔班通古特沙漠周边就是成片成片的绿洲，这里盛产棉花、小麦、啤酒花、西瓜、玉米、高粱、向日葵、红薯、土豆、甜菜、大白菜、萝卜、番茄、苜蓿等农作物。

准噶尔盆地昼夜温差大，在这里，早上穿棉衣，中午穿短袖衬衫，并不奇怪。

准噶尔盆地日照时间长，使得这里的瓜果蓄积了大量糖分。因此，下野地的西瓜，吃一口，甜掉牙。

准噶尔盆地的腹部古尔班通古特沙漠多为半固定沙丘，期间生长着不计其数的红柳、梭梭、骆驼刺、沙棘等很多沙漠植被。

准噶尔盆地周边的河流不少，著名的额尔齐斯河注入北冰洋，其他河流，如玛纳斯河、乌伦古河等内陆河多流入盆地，形成玛纳斯湖、乌伦古湖等。

准噶尔盆地的地下，更是蕴藏着丰富的宝藏：大量的石油、天然气、煤和各种金属矿藏。天然气储量就多达数万亿立方米，石油总资源量近百亿吨。准噶尔盆地内有一座中国西部最大、最著名的油田——克拉玛依油田。准噶尔盆地的北部，有中国著名的黄金产区——阿尔泰山黄金产区。

据媒体报道，准噶尔盆地建成的第一套环形输气管网已全线贯通。这套管网总长约 760 公里，分为彩南—石西—克拉玛依、克拉玛依—乌鲁木齐、乌鲁木齐—彩南三段，沿线分布着玛河、石西、彩南、盆五等多个天然气产区。

准噶尔盆地内有大量旅游胜地：古尔班通古特沙漠、奇台魔鬼城、乌尔禾魔鬼城、五彩城、将军戈壁……

保证让你流连忘返。

壮美新疆

高峰·冰川

守护神：博格达峰

人们常把能够登上天山山脉东段的博格达峰的人称为"神人"，因为"博格达"在蒙古语里，有"神山""神居之所"的意思。

新疆本地人，尤其是新疆首府乌鲁木齐人，没有不知道博格达峰的，因为天气晴朗的日子，从乌鲁木齐市区就能够遥望冰雪覆盖的博格达峰，博格达峰也被人们视为是乌鲁木齐的守护神。

博格达峰位于中国新疆中部乌鲁木齐附近阜康市境内，海拔5445米，位于东经88.3°，北纬43.8°，是天山山脉东段北支博格达山主峰，也是东段最高的山峰。博格达山和它的母体天山一样，是世界上最年轻的山脉之一，它在3亿年前的造山运动时于海水中初露头角，及至六七万年前的喜马拉雅造山运动时才脱颖而出。

博格达山主峰在天池南侧，其上三峰并立，成"山"字形，东峰海拔5287米，中峰最高，海拔5445米。它主要有4条山脊：东北山脊、西南山脊、北山脊、东南山脊。山脚下是著名的风景游览胜地天池。

博格达峰顶冰川积雪，终年不化。在天山山脉的很多高峰当中，博格达峰并不是最高的，它的海拔高度在天山主峰里名列第三，但是要说起名气来，它的名气却遥遥领先。自1980年起，博格达峰就被中国列为对外开放的高峰之一，已有很多中外专业登山探险家成功登顶。

博格达顶峰，不是一般人能够登上去的，只有具有专业登山资格和专业运动员水平的人，才有可能问津山顶。由于博格达峰的斜坡角坡在70°至80°之间，因此攀登难度极高。1998年，一支来自乌鲁木齐市的登山队成功登顶，是中国人第一次踏上该峰峰顶。

丘处机（1148－1227）在《宿轮台东南望阴山》一诗中赞道："三峰并起插云寒，四壁横陈绕涧盘。"

新疆首府乌鲁木齐与远处的博格达峰

清代学者宋伯鲁赞曰："三峰绝倚傍，终古插苍冥。"

《新疆图志》里有诗曰："南山伸臂云天处，西域昂头到日边。"

千百年来，在西域新疆人的眼里，博格达是一座具有神灵气息的山峰。甚至在民间传说里，它是"神灵之宅、紫气之源"，有些百姓对它顶礼膜拜。

也有民间传说博格达峰原来是一位勇士，护卫着山脚下的乌鲁木齐等地的人们，因为千百年来一直挺立在那里，所以就"生长"成顶天立地的样子了。

天山第一峰：托木尔峰

一个人的头颅有多高，他的身高就有多高。

天山的头颅是托木尔峰，海拔 7435 米。天山第一峰托木尔峰位于中国新疆阿克苏地区温宿县境内。

有人说若踩着天山之巅托木尔峰，就可以用手摸着天。这当然是艺术渲染。

诗人李白在《蜀道难》一诗中写道："连峰去天不盈尺，枯松倒挂倚绝壁。"

我在阿克苏生活的那段岁月里，不知有多少回在不经意间抬头眺望仙妙、旷达、逸定的托木尔雪峰，每每总感觉到有一种绵长的源自雪峰的浩然之气慢慢地浸润了我的心胸。

托木尔峰主峰及周围共 10 万公顷山地被列为国家自然保护区，主要保护高山冰川及下部森林、生物群落及生态环境。

托木尔峰

托木尔峰自然保护区里，有绝妙的冰洞、冰塔、冰柱和奇异的高山森林、花草、野生珍稀动物，诱惑力太大了。

美丽绝伦的高山之王雪豹就出没在海拔四五千米的托木尔峰半山腰间。雪豹是新疆所有高山上最大的食肉猛兽，连凶残的狼、大力士棕熊都得躲着它走。它常以野羊、猞猁、雪鸡之类充饥，却从不伤害"侵入"它地盘的人类。高山之王在人面前显示出它超凡的风度。

托木尔峰周围 6000 米以上的高峰多达十余座，如汗腾格里峰、雪莲峰、阿克塔什峰（白玉峰）、却勒博斯峰（虎峰）、科学峰等。

托木尔峰地区属温带大陆性半湿润气候，受北冰洋跟大西洋气流的影响，降水量比新疆其他地方偏多，年降水量一般为 400—600 毫米，高山最多可达 800 毫米以上，该地区的气温随海拔高度的增高而降低。在海拔 7435 米的托木尔峰山顶，其年平均气温为 −28℃。

托木尔峰南北坡的森林，仅雪岭云杉林就多达 1000 平方千米。托木尔峰地区野生植物 600 种，药用植物 101 种。天山马鹿、雪鸡、雪鸽、雪雀、鹫、旱獭、牦牛、野驴、棕熊、豺狗、石貂等野生动物不计其数，最珍稀的当属雪豹，已被列为国家一类保护动物。

托木尔峰是中国最大的现代冰川区，在托木尔峰地区 800 多条冰川中，汗腾格里冰川最长，长达 60.8 公里，是世界八大山谷冰川之一。

传说，托木尔峰自古以来有"野人"出没，也有人根据"野人"留下的疑似大脚印把"野人"说成是"大脚怪"。

据说，人们最晚一次目击"大脚怪"距今也有几十年了，到底还有没有"大脚怪"，谁也说不清楚。

世界第二高峰：乔戈里峰

世界上有些山峰是很难攀登的。

乔戈里峰就是国际登山界公认的攀登难度较大的山峰之一。

　　乔戈里峰峰巅呈金字塔形，据来此探险过的探险家描述：乔戈里峰冰崖壁立，山势险峻，在陡峭的坡壁上布满了雪崩的溜槽痕迹。北侧如同刀削斧劈，平均坡度达 45 度以上。从北侧大本营到顶峰，垂直高差竟达 4700 米，是世界上 8000 米以上高峰垂直高差最大的山峰。

　　"乔戈里"是塔吉克语，意为"高大雄伟"。乔戈里峰海拔 8611 米，它是喀喇昆仑山脉的主峰，也是世界上第二高峰，国外又称 K2 峰。"K"指喀喇昆仑山，"2"是指当时它是第二座喀喇昆仑山脉被考察的山峰。乔戈里峰位于喀喇昆仑山脉的中段，新疆维吾尔自治区叶城县境内与克什米尔地区的接壤处，地理坐标为北纬 35°53′，东经 76°31′。

乔戈里峰

乔戈里峰在中国的一侧，坐落在新疆维吾尔自治区叶城县境内。

1954 年 7 月 31 日，意大利探险家里诺·雷斯德里和阿奇里·科帕哥诺尼首先登顶。

喀喇昆仑山脉绵延数千公里，呈西北—东南走向，一般海拔在 6000 米以上。山脉上高峰密集，包括乔戈里峰在内，这里紧密相连地排列着 4 座 8000 米以上的世界级著名高峰：乔戈里峰东侧为布洛阿特峰，海拔 8051 米，依次还有加舒尔布鲁木 I 峰，海拔 8068 米，加舒尔布鲁木 II 峰，海拔 8035 米。

世界上 14 座 8000 米以上的高峰，在这里就占了近三分之一。7000 米以上的高峰有 20 多座，北侧的斯克洋坎力峰，海拔 7545 米；西侧的斯潘德峰，海拔 7385 米；往下还有皇冠峰，海拔 7295 米。因此，这里成为世界登山家们瞩目的第二个登山中心。

乔戈里峰进山路线是中国目前开放山峰中最长的路线。从南疆重镇叶城乘汽车沿新藏公路到麻扎，再沿简易公路行 25 公里到达麻扎达拉。从这里开始步行 6 天，行程 90 公里方能到达乔戈里峰登山大本营（海拔 3924 米的音红滩）。这段路要翻过海拔 4800 米的阿格勒达板进入克勒青河谷，要避开 7、8 月克勒青河河水的暴涨，因为此时人畜均无法通过。

乔戈里山峰主要有 6 条山脊，西北—东南山脊为喀喇昆仑山脉主脊线。同时也是中国与巴基斯坦的国境线。其它还有北山脊、西山脊、西北山脊等。峰巅呈金字塔形，冰崖壁立，山势险峻。山峰顶部是一个由北向南微微升起的冰坡，面积较大。北侧的冰川叫乔戈里冰川，地形复杂多变。冰川表面破碎，明暗冰裂缝纵横交错。冰川西侧山谷为陡峭岩壁，滚石、冰崩、雪崩频繁。乔戈里峰两侧，就是长达 44 公里的音苏盖提冰川。

乔戈里峰地区不仅地形险恶，气候也十分恶劣。每年 5 月至 9 月，西南季风送来暖湿的气流，化雨而降，是本地区的雨季。9 月中旬以后至翌年 4 月中旬，强劲的西风凛冽而至，带来严酷的寒冬，峰顶的最低气温可达 −50 度，最大风速可达到 5 米／秒以上，是登山的气候禁区。5 月至 9 月间，由于升温，高山融雪和降雨往往造成河谷水位猛涨，进山困难。因此，登山活动的最佳时机应安排在 5 月至 6 月初进山，这时河水虽涨，但不太严重；7 月至 9 月，山顶气温稍高，好天气持续时间较长，是登顶的最佳时间。

乔戈里峰地处喀喇昆仑山脉，气候变化无常，一日间多种气象交替出现，每 3 个小时变化一次，而且三天两头不是刮风就是下雪，即使利用高科技手段，也很难准确预测到山区的气象变化，不像别的山很有规律。历史上乔戈里峰很少出现超过一周的晴好天气。海拔 7000 米以上经常刮着 8 级以上的高空风，风速达每小时 60 公里以上，有时一秒就可以达到 25 米，降雪时会连续降 4、5 天，温度最低时达到零下 50 多度，峰顶常年被浓雾笼罩。因此，天气是攀登乔戈里峰最大的困难。

2005 年 10 月 23 日，中国最美的地方排行榜在北京发布，乔戈里峰被评为中国最美十大名山之一。但是，这座高峰使多少人望而却步？

"冰山之父"：慕士塔格峰

在新疆，有个地方，千百年来，都被冰雪覆盖着，它有现代冰川 128 条，冰川总面积 377.21 平方千米，其中冰川面积超过 10 平方千米的有 8 条，最大的冰川是位于主峰东侧的科克萨依冰川，面积可达 86.5 平方千米，为塔里木盆地的重要冰川作用区之一。

它，就是著名的被誉为"冰山之父"的慕士塔格峰。

慕士塔格峰，位于中国新疆维吾尔自治区阿克陶县与塔什库尔干塔吉克自治县交界处，地处塔里木盆地西部边缘，东帕米尔高原东南

部，地理位置极其微妙。

　　慕士塔格峰是一座浑圆形的断块山，其主峰海拔 7546 米，地势高，气候异常寒冷，终年以固体降水为主，因此特别有利于冰川的发育。

　　围绕其主峰两侧发育了许多规模较大的山地冰川，呈放射状分布格局，数百平方千米冰体自 7000 米以上的山顶一直覆盖到 5100 米、5500 米的高度，成为特殊的峡谷式溢出山谷冰川。

　　慕士塔格峰周边还有公格尔峰及公格尔九别峰，三山耸立，成为帕米尔高原的标志性景观。

　　来看过，你就会发现，"冰山之父"慕士塔格峰的确名不虚传。

蓝天白云倒映下的慕士塔格峰

慕士塔格峰冬季美景

"亲密姐妹"：公格尔峰与公格尔九别峰

你听说过"姐妹峰"吗？

在中国新疆克孜勒苏柯尔克孜自治州阿克陶县境内，有一对"亲密姐妹"般的高峰。她们并肩而立，远远看去，你拥着我，我护着你，真的恰似一对姐妹。

她们就是著名的公格尔峰与公格尔九别峰。公格尔峰海拔 7719 米，公格尔九别峰海拔 7530 米。两峰均在西昆仑山脉西端的山脊线上，相距约 15 千米。

公格尔九别峰春夏美景

公格尔九别峰秋季景色

这对亲密的"姐妹峰"山体相连,和其南面的慕士塔格峰一并被看作是帕米尔高原上的三座名峰。

公格尔峰是西昆仑山脉上的第一高峰。山峰呈金字塔形,峰体陡峭,平均坡度约45度,山峰主要以4条主山脊为骨架:北山脊、西山脊、南山脊、东山脊。山坡浮雪深厚,有高差达300米左右的雪崩区。

公格尔九别峰是西昆仑山脉上的第二高峰。公格尔九别峰峰顶终年积雪,像白色帽子,所以被当地山民称为"公格尔九别",意为"白色的帽子"。因它高度略低于公格尔峰,也有人称它为"小公格尔"。

也有民间传说,公格尔峰与公格尔九别峰不是一对"亲密姐妹",而是一对相亲相爱的"青年情侣"。因为各种原因,他们虽然不能携手在一起,但是却含情脉脉地凝望着对方,谁也舍不得离开,亿万年来，就那么相互凝视着对方……

人们也因此产生了一个美好的愿望：但愿这对恋人，能够感动天地，最终让他们拥抱在一起！

阿尔泰山最高峰：友谊峰

在中国西部边陲，有一座用"友谊"命名的山峰。

它就是著名的友谊峰。友谊峰地处中、蒙交界处，位于中国新疆阿勒泰地区布尔津县境内，海拔4374米，是阿尔泰山的最高峰。友谊峰上，终年积雪，冰川飞舞。

友谊峰冰川，是阿尔泰山最大的冰川，也是中国境内海拔最低的山谷冰川。

友谊峰附近中俄1号界碑

友谊峰周围有 4000 米以上的高峰数座，拦截西风环流水汽和北冰洋的部分水汽，年降水量达 800—900 毫米。在海拔 3000 米以上地区，年均气温多为负值，现代冰川总面积达 47 平方千米，占阿尔泰山冰川面积的 15%，形成了阿尔泰山现代冰川作用的中心。

著名的喀纳斯冰川，就位于友谊峰南坡，面积约 30 平方千米，长约 11 千米，平均厚度约 130 米，冰储量约 39 亿立方米。这一地区的冰雪融水是额尔齐斯河最大支流——布尔津河的主要水源之一。

友谊峰是中国登顶最晚的山峰，2000 年才被成功登顶。

近年来，来友谊峰考察、旅游探险的科学家和游客不断。这里的野生动物，特别是珍稀野生动物，不时给旅游、探险者们带来意外的惊喜与拍摄的乐趣。

玉龙飞舞：中国一号冰川

世界大冰川之一——中国一号冰川，即人们常说的天山乌鲁木齐河源 1 号冰川，它位于中国新疆首府乌鲁木齐市乌鲁木齐县境内。

见识过中国一号冰川的人们，都对它有极其深刻的印象：中国一号冰川，酷似一条飞舞的玉龙！

这样的场景，往往会使第一次见识巨大冰川的人们"惊呆了"！

的确，这条玉龙，无论远望近看，都非常壮观！

天山乌鲁木齐河源 1 号冰川坐落于乌鲁木齐西南面 118 公里处的大山峡谷间，属于天格尔山北坡乌鲁木齐河的河源区。它长达 2600 米，宽 300—700 米，冰川面积约 2 平方千米，冰川厚度达 70—220 米，年均运动速度 4.92 米，底部海拔高度 3756 米。

早在 1959 年，原中国科学院兰州冰川冻土研究所（现中国科学院寒区旱区环境与工程研究所）就在乌鲁木齐河的源头、天山山脉天格尔山中建立了中国科学院天山冰川观测试验站。天山乌鲁木齐河源

1 号冰川在国际冰川研究中占据重要地位。因为当年的研究编号为"1号",所以就将这条巨大的玉龙叫作"1 号冰川"。

虽然 1993 年天山乌鲁木齐河源 1 号冰川分裂成两支冰川,不过人们依然沿用天山乌鲁木齐河源 1 号冰川的说法,并将两支冰川分别叫作东支和西支。

据专家研究,天山乌鲁木齐河源 1 号冰川形成于第三冰川纪,距今已有 480 万年的历史了。由于现代冰川类集中,冰川地貌和沉积物非常典型,古冰川遗迹保存完整清晰,因此 1 号冰川有"冰川活化石"之称,成为中国观测研究现代冰川和古冰川遗迹的最佳地点之一。这里冰川冲积地貌非常明显,进行地质科学考察的学者,可以从这里探察乌鲁木齐河亿万年间发育的过程。

天山乌鲁木齐河源 1 号冰川之下约 200 米处,呈现着层状的槽谷、岩坎、岩盆、冰斗,以及像绵羊脊背的羊背石等冰蚀景致。在海拔 2600—3000 米之间的谷地上遗存着各地质时期的冰川堆积物。专家把这里的地质形状分别描述为:"呈舌状的冰川前缘""金字塔般的角峰""弧形的冰川终碛"。

随着全球气温的升高,天山乌鲁木齐河源 1 号冰川也处于持续减退状态,有关资料显示,在 1962—2006 年的 44 年里,其面积减少了 0.27 平方千米,并呈加速减少的态势。从 20 世纪 80 年代开始,天山乌鲁木齐河源 1 号冰川退缩加速。其中,1992—2000 年这八、九年间减少的面积达 0.10 平方千米,几乎赶上了 1962—1992 年这 30 年间冰川减少的面积(1962—1992 年减少的面积是 0.12 平方千米)。

随着冰川退缩,天山乌鲁木齐河源 1 号冰川融水径流量也呈加速增大趋势。

天山乌鲁木齐河源 1 号冰川距离城市较近,交通非常便利,沿途景色极其壮美,很多探险家和旅游者们来到这里驻足欣赏远处的玉龙飞舞,也饱览路边美丽的景致。

白熊出没的地方：喀纳斯冰川

喀纳斯冰川位于中蒙边境的友谊峰，是珍稀野生动物白熊出没的地方。

海拔 4374 米的阿尔泰山主峰——友谊峰，耸立于群峰之巅，喀纳斯冰川是其周围最长的一条冰川，延绵 10 多公里。喀纳斯冰川的融水流经阿克库勒湖，是喀纳斯湖的重要补水源之一。"喀纳斯"在蒙语里有"美丽、富饶、神秘"之意。喀纳斯湖在山地森林带的中间，湖面海拔 1374 米，湖面长 25 千米，宽 1.6—2.9 公里，面积 37.7 平方千米。

喀纳斯湖是第二次大冰期的巨大山谷冰川刨蚀而成。当时喀纳斯湖冰川长达百余千米，冰川厚度大于二三百米。由于缓慢而稳定的退缩，在喀纳斯湖留下了宽约 1 千米、高 50—70 米的终碛垄，而后即迅速退缩，形成了现在喀纳斯湖的基础。现代冰川和古冰川地貌，发育、保存都相当完好。至今在湖东岸的高陡崖边，还保存着几十米长、布满丁字形冰川擦痕的羊背石，成为历史的见证。这些羊背石上，还有古代岩石壁画。

喀纳斯河流域的冰川是阿尔泰山最为发育的冰川中心区，该区冰雪覆盖总面积大约在 400 平方千米以上，其面积和储量分别占中国境内阿尔泰山区冰川的 71.46% 和 70.08%。由于冰川所处纬度偏北，具有较好的代表性，因此，是考察研究和旅游探险的最佳基地。

喀纳斯冰川是喀纳斯湖的主要源头，在喀纳斯国家级自然保护区内，有保存完整的第四世纪冰川。喀纳斯河上游海拔 3000 米以上的地带，有 211 条现代冰川，覆盖面积约 249 平方千米，其面积和储量均占阿尔泰山冰川总量的 70% 以上，冰川最大厚度超过 130 米。

喀纳斯冰川之上，有冰桥、冰蘑菇等大自然奇观。

喀纳斯冰川的冬天，寒冷刺骨，雪岭纵横，雪峰静穆，万籁俱寂。

喀纳斯冰川

密林深处偶尔会传来野兽的吼叫声音。周边那密密麻麻的松、杉、桦、柳林里，也时而闪现狍、鹿的踪影。

友谊峰一带的白熊系棕熊的变异。白熊是一种非常强悍的捕食性动物，它体型硕大，体重是老虎的两倍，直立身高可达 3.5 米。

1986 年，西南林业勘察设计院工作人员在喀纳斯白湖附近发现过白熊。2003 年，在新疆布尔津县有人再次在喀纳斯白湖附近发现白熊。近年，在新疆喀纳斯国家级自然保护区友谊峰一带进行科考的人员在友谊峰白湖上游也发现白熊，这是这一地区第三次发现白熊。

据说，2013 年，有当地人在喀纳斯冰川附近目击过"好几只白熊""成群结队"，个头足有"几头牛大"，站立起来"像一堵五六米高的白墙"，但是这些目击并没有得到比较可靠的证实。

要想真正揭开喀纳斯冰川白熊出没之谜，并非易事。

世界八大山谷冰川之一：汗腾格里冰川

这里是冰川的家园，这里是冰川的世界。

世界八大山谷冰川之一的汗腾格里冰川在著名的汗腾格里峰周围。

汗腾格里峰，在西天山。突厥语中，"汗"为"王"，"腾格里"为"天"，即"（顶）天的汗王峰"。汗腾格里峰是托木尔—汗腾格里山汇地区的高峰之一，海拔6995米，是天山山脉的第二高峰，在天山山脉中科克沙勒岭与哈尔克山的结合部位，东邻托木尔峰，北邻伊犁河谷地，南邻塔里木盆地北缘的阿克苏绿州。

汗腾格里周边山峰海拔多在4000米以上，6000米以上的高峰多达40座，山地大面积突出于雪线之上，形成中国境内天山和整个天山山脉的最高部分，为大规模冰川发育提供了极其优越的条件，故在

"天山之父"汗腾格里山峰

托木尔—汗腾格里山汇地区，形成了天山山脉现代冰川作用的最大中心。据统计资料显示，中国境内天山山脉有现代冰川约7000条，总面积近万平方千米，以山汇为中心呈不对称放射状分布。

汗腾格里峰周围有巨大的山谷冰川——汗腾格里冰川群，其中南依诺勒切克冰川长约60千米，是天山最大冰川之一。铁米尔苏冰川、土格别里齐冰川和卡拉格玉勒冰川全部在中国境内。众多冰川和大面积的积雪消融，是其南北坡阿克苏河、木扎尔特河和特克斯河等河流的主要补给源。

这些冰川以长大的树枝状山谷冰川最为发育，拥有多级支流和狭长的冰舌，冰面表碛密布，热喀斯特发育，形态上有其独特之处，被称为"托木尔型"冰川。

想一睹冰川群那波澜壮阔的气象的人们，尽可以来中国新疆阿克苏探险观光。

冰川奇迹：克州冰川国家森林公园

你能够想象在海拔2000多米的地方见到面积达数百平方千米的巨大冰川吗？

当你来到克孜勒苏柯尔克孜自治州，你会发现，这个奇迹，就在这里。

克州冰川国家森林公园，海拔2804米，冰川面积达224.8平方千米。是世界上众多壮观的冰川之一，也是中国海拔最低的冰川。

克州冰川国家森林公园在帕米尔高原上，位于中国新疆阿克陶县奥依塔格镇以西的崇山峻岭中，其前身是奥依塔格原始森林公园。

这里的美景吸引着大批游客，旖旎的风光令人叹为观止！沿着冰川越往上，道上就越泥泞、坎坷、曲折，只能迂回前行。一路上，冰川，美景，美不胜收。生态、自然景观占据着克州冰川公园的主导地

位。游客在这里还能够充分领略到独特美妙的柯尔克孜族民俗风情。

在克州冰川国家森林公园里，有草原牧歌、沙棘林、奇石文化、现代冰川、原始森林、雪山、飞天瀑布、冰洞、飞西天玉女、冰河、仙女湖、天湖、《玛纳斯》勇士、群山奇峰等多种景观。

草原牧歌令你领略一种浪漫情怀；沙棘林让你见识各种奇异的沙棘；奇石文化令你大开眼界；现代冰川壮观至极，令你惊叹不已；神秘的原始森林令你着迷；壮丽的雪山令你神往……

克州冰川国家森林公园，的确能够给人们带来惊奇与愉悦。

河流·湖泊

世界第五大内陆河：塔里木河

塔里木河是新疆最有代表性的河流。

它是一条高贵的河流，激情跌宕地横穿整个塔里木盆地。

它千万年来又似一条难以束缚的长龙，固执地向塔克拉玛干沙漠奔袭，施展着精神的狂舞。

塔里木河蜿蜒于塔里木盆地的北部，干流长约 1000 公里，若加上上源支流叶尔羌河的河段，全长达 2437 公里。

塔里木河主源为叶尔羌河，发源于喀喇昆仑山特力木坎力峰东南麓。源流分三支即叶尔羌河、阿克苏河与和田河。流域面积 19.8 万平方千米。上游地区多为起伏不平的沙漠地带，来自于冰山的融水含沙量大，河水很不稳定，因此，被称为"无缰的野马"。

"塔里木"一词，在古突厥语中，意为"注入湖泊、沙漠的河水支流"，在现代维吾尔语中，意为"田地、种田"。中国史籍文献称此河为计戍水、葱岭河。《汉书·西域传》所称"南北有大山，中央有河"，就是指塔里木河。

历史上，塔里木盆地的大部分河流都汇入塔里木河，以后由于上游地区农业生产的不断发展，许多小河的河水被人们截流引入灌区。现在只有阿克苏河、叶尔羌河、和田河这三条水道才能流入塔里木河。

几十年来，人们沿塔里木河两岸进行了大面积的耕垦，又利用沿河洼地修建水库，把河水大量引入灌区和水库，因此塔里木河从上游至下游的水量逐渐减少。过去这条河道有余水注入罗布泊和台特马湖，现在它的终点是铁干里克附近的大西海子水库，而罗布泊和台特马湖已完全失去河水的补给而形成干润的湖盆。

在塔里木河两岸的荒漠上，由于有山洪补给，地下水位也较高，因而适宜植物生长，形成稠密的植被，有利于垦殖耕耘。从 20 世纪 50 年代开始，人民解放军的转业大军在河岸辽阔的荒漠上开荒造田，建立了几十个大型国营农场，形成新疆南部新兴的粮、棉、蚕桑和瓜果基地。

　　塔里木河流域地处欧亚大陆腹地，远离海洋，四周高山环绕，属大陆性暖温带、极端干旱沙漠性气候。其特点是：降水稀少、蒸发强烈，温差大，多风沙、浮尘天气，日照时间长，光热资源丰富。

塔里木河的胡杨公园

塔里木河太壮观了！它是中国内陆河中最长的一条，是世界第五大内流河。

当地人把塔里木河誉为母亲河。是的，塔里木河孕育了塔里木河流域几乎所有的绿洲，养育滋润着广阔的田园。

塔里木河是几千年来，当地百姓赖以生存的生命河。传说，在古代，塔里木河里曾经有河怪，兴风作浪，但是，最终都被勤劳勇敢的两岸居民给征服了。

由于塔里木河孕育了沙漠地区里的绿洲，从而有效地遏制了沙漠的肆虐扩张。

"鱼的故乡"：伊犁河

来到伊犁河，不吃鱼是说不过去的，因为，伊犁河是"鱼的故乡"。这里盛产鲤、鲈等鱼类，现有品种 44 种，其中土著鱼类 12 种，移植鱼类 17 种，引进养殖鱼类 15 种，几乎占新疆鱼类品种的一半。

人们说，这和伊犁是"塞外江南"有关。

伊犁河是亚洲中部的一条内陆河，发育于天山西段，《汉书》中称伊列水，《旧唐书》作伊丽河、帝帝河。古时塞人、月氏人、乌孙人、突厥人等生活于此河流域。

伊犁河全长 1236 千米，流域面积 15.12 万平方千米，年径流量 117 亿立方米。伊犁河干流在中国境内长约 442 千米，流域面积约 5.6 万平方千米，水资源相当丰富，是中国新疆境内径流量最丰富的河流。

伊犁河上游由特克斯河、巩乃斯河、喀什河三条支流组成，主源为特克斯河。自东向西流出国境，尾部注入哈萨克斯坦的巴尔喀什湖，因此它又是一条国际河流。伊犁河的水量居新疆众河之首，其径流量约占全疆河流径流量的 1/5，约有 3/4 的水量流往国外。

伊犁河的中、下游水流平缓，在中国境内雅马渡至国境段可通航

成群的野鸭在伊犁河嬉戏

汽轮。河流两岸地域平旷，土壤肥沃，降水较丰，气候相对湿润，是富饶的粮油瓜果之乡。

伊犁河盛产珍贵的裸腹鲟。裸腹鲟又名鲟鳇鱼，伊犁人把它叫做"青黄鱼"，是鲟鳇鱼谐音而得的称谓。鲟鳇鱼是半咸水的大型肉食性凶猛鱼类，体长一般在 1—2 米之间，重 15—25 公斤，伊犁渔民也曾捕到体长两米多、重达 150 公斤的大鱼，其外形颇似大海中的鲨鱼，故《西域闻见录》《新疆游记》均误称鲟鳇鱼为鲨鱼。

每年春夏之季，鲟鳇鱼从巴尔喀什湖回游到伊犁河中游产卵繁殖，一条鱼可产数十万至数百万粒卵，其卵也是名贵的食品。

清人洪亮吉"昨宵一雨浑河长，十万鱼皆拥甲来"的诗句，就是赞咏伊犁河产鱼之丰富的。

很多人喜欢伊犁这个美丽的地方，就是因为他们迷上了伊犁河。而伊犁河里的鱼，在他们看来，是天下第一美味。

有人说，就着伊犁河水浇灌种植出的大米，品尝着伊犁河里产出的鱼，是天下最幸福的事情了。

中国唯一流入北冰洋的河流：额尔齐斯河

额尔齐斯河非常特别，因为它是新疆唯一的外流水系，也是中国唯一流入北冰洋的水系。

额尔齐斯河发源于中国阿尔泰山南麓，向北沿途流经阿勒泰地区的富蕴、福海、阿勒泰、布尔津、哈巴河四县一市及兵团农十师垦区，自哈巴河县北湾流出国境，经西伯利亚注入北冰洋。它在中国境内的干流长 633 千米。若按水量计算，可列为新疆的第二大河。

额尔齐斯河流径的山区河段多峡谷，落差大，水流急，含沙量小，两岸多为花岗岩。在夏季高水位时，自布尔津到国境长达 100 多千米的河段，能够通航浅水轮船。

额尔齐斯河有广阔优良的牧场，又有丰富的矿藏和森林资源，著名的福海大尾鱼就出产在这里。传说，额尔齐斯河中有一种美人鱼，穿着红色衣裙，在月光皎洁的夜晚跃出水面，翩翩起舞。

有专家学者专门认真考察了这个传说，发现额尔齐斯河中确实有一种活泼的大红鱼，学名叫哲罗鲑。但是，民间人士对专家学者的解释不满意。他们认为大红鱼是大红鱼，美人鱼是美人鱼，是完全不同的两种生物。

大概民间传说有它的神话色彩吧。

孔雀河：班超饮马

孔雀河，中国新疆库尔勒市的河流，又称"饮马河"。传说东汉班超曾饮马于此，故称。班超很欣赏孔雀河，他甚至在孔雀河中游泳。那时的孔雀河，水特别大，水流特别急，为了磨练意志，班超毫不畏惧，总是能够游泳过河。

孔雀河是罕见的无支流水系，其唯一源头来自博斯腾湖，又从湖

水天苍苍——摄于阿勒泰·额尔济斯河

的西部溢出，故名孔雀河。它流经塔什市，穿越铁门关峡谷，进入库尔勒市，再经尉犁，沿库鲁克山东流，最后注入罗布泊，全程786公里。

孔雀河上游穿行于博斯腾湖小湖区，到阿洪口才有河道，向西流至塔什店镇，长65千米，水面平缓，上游40千米处在莲花湖区和博斯腾湖脱离接触，真正不连接博斯腾湖的只有25千米。

进入霍拉山和库鲁克山夹峙的铁门关峡谷区为中游段，水流湍急，长14千米的水流资源集中于此。出峡谷后，为广阔的冲积平原，河流由西转向南流，形成弯弓形状，为孔雀河三角洲农业区。

下游651千米，沿塔里木北缘流向罗布泊，两岸多为胡杨林，流域面积4.46万平方千米，年平均流量38.3立方米，最大洪峰233立方米，年平均径流12亿立方米，由于孔雀河河源为湖水，年径流量稳定，除洪水外，一年四季流量变化很小。

孔雀河水很清澈。两岸有着大片的胡杨林，正是这茂密的胡杨林阻止了沙漠的侵袭，保护了沙漠中的绿洲，保护了广阔的草场，保护了孔雀河畔万亩良田。

孔雀河，一个美丽的名字，似孔雀开屏，游走在中国新疆库尔勒市等地。

中国最大的内陆淡水湖：博斯腾湖

没有去过博斯腾湖的人，一定要去一次，否则，你体会不到什么是真正的大湖，什么是真正的"鱼海"。

博斯腾湖是中国最大的内陆淡水湖，总面积约1300平方千米，被世人誉为"沙漠瀚海中最大的一颗明珠"。位于新疆巴音郭楞蒙古自治州博湖县，古称"西海"。早在1300多年前，《隋书》里就记载此湖有"鱼、盐、蒲、苇之利"。唐谓"鱼海"。清代定名为博斯腾湖。博斯腾湖，蒙古语称"博斯腾淖尔"，"博斯腾"意为"站立"，

孔雀河畔的库尔勒市

"淖尔"意为"湖"，因三道湖心山屹立于湖中而得名。

博斯腾湖距博湖县城约15千米，距焉耆县城25千米，湖面海拔1048米，东西长55公里，南北宽25公里，略呈三角形，大湖面积约988平方千米。蓄水量99亿立方米。大湖西南部分布有大小不等的数十个小湖区，小湖区有较大的湖泊，总面积为240平方千米，湖水西东深，最深处16米，最浅约0.8—2米，平均深度约10米左右。大湖、小湖水面总面积约1300平方千米。

博斯腾湖区有金沙滩海滨浴场、阿洪口旅游景区、莲花湖旅游度假村、扬水站、大河口、白鹭洲等。2002年5月，博斯腾湖风景名胜区经国务院批准列入第四批国家级风景名胜区名单。

博斯腾湖盛产鱼和芦苇，是新疆最大的渔业基地，也是中国的四大芦苇产地之一。

有"鱼海"在此，喜欢吃鱼的人，可以在这里尽情品味鱼的盛宴了。博斯腾湖盛产赤鲈、池沼公鱼、鲢鱼、鲤鱼、草鱼、白斑狗鱼、五道

博斯腾湖

黑、梭鲈、扁吻鱼（俗称大头鱼）、鲫鱼、镛鱼、乌鳢等 30 余种鱼。

博斯腾湖的全鱼宴，吸引着五湖四海的美食家、旅行家、游客。

而我喜欢的是博斯腾湖那种烟波浩渺的辽阔，那种"世外桃园"的感觉，那种天鹅、野鸭、鸬鹚、海鸥、白鹭等 200 多种鸟儿成群翩翩和苇荡连绵的景致。

立刻就有人给我们讲起了一个关于博斯腾湖的美丽凄婉的爱情故事。

我没有细听。我不用听，就能够想象出"N"个关于博斯腾湖的爱情故事。不仅有美丽凄婉的，也有花好月圆的。

没有来过的人也可以想象一下，中国有多么辽阔，而博斯腾湖又是中国最辽阔的内陆淡水湖。这么辽阔的大湖，几乎已经有了海的魂魄了。千万年来，围绕着它，人类与大自然有多少可歌可泣的故事可圈可点？

难怪古人把博斯腾湖称为"西海"。

我甚至想象那连绵不绝的苇荡竟是连绵不绝的有思想的人群。古今中外，有多少思索者在此游历、思想、感慨、生活过？

世界第二大沙漠就离此不远，它的外缘，甚至包围催逼着博斯腾湖。

现在，很多有情人将博斯腾湖作为他们爱情的神圣见证，指湖为誓。博斯腾湖的悠久、辽阔、美丽、纯净、新奇、丰富、深邃，象征着有情人情感的恒久、温暖、深沉、明媚、纯洁、神圣。

离开博斯腾湖时，我的眼睛模糊了，我知道，我被一种大气磅礴的东西触动了。

博斯腾湖开湖捕鱼

"水怪"出没的地方：喀纳斯湖

喀纳斯湖是新疆最独特的湖泊。它是人间仙湖，没有欣赏过她的人，趋之若鹜；欣赏过她的人，赞不绝口。她，永远诱惑着世界各地的爱慕者。因为这里是"水怪"出没的地方。

"喀纳斯"是蒙语"美丽富饶而神秘"的意思。从阿尔泰山脚下的布尔津县出发，沿着额尔齐斯河水量最大的支流布尔津河的谷地，往西北直上 120 多公里，就到了喀纳斯湖。

喀纳斯湖位于中国新疆阿勒泰地区布尔津县北部，国家 5A 级景区，曾被人们称为"中国最后一片净土"。湖面海拔 1374 米，湖面长 25 公里，宽 1.6—2.9 公里，最深处达到 188 米，是中国最深的湖

泊之一。蓄水量达54亿立方米。

喀纳斯湖外形呈月牙状，被推测为古冰川强烈运动阻塞山谷积水而成。该湖风景优美，四周林木茂盛，主要居民为图瓦人。

喀纳斯湖处于布而津上游支流喀纳斯河的中段，夏季湖口流量约50立方米/秒，湖面年变化高差不到一尺，由于水量较为稳定，加之湖岸平缓，湖边的沼生植物生长茂密，因此整个湖区成为鱼类和水禽产卵繁殖的理想场所。

据说，每年七八月份，可见到近岸的湖水中，小鱼聚集如云，使湖水为之变色。更有趣的是随着阴晴晨昏，喀纳斯湖也有着规律的变化。从山头望去，晴天是深蓝绿色，阴天则是暗灰绿色。夏日晴朗炎热时，湖水又变为微带蓝绿的乳白色，这是由于上游冰川融化，带来

碧水秋影——摄于布尔津·喀纳斯湖

野鸭滩秋色——摄于布尔津·
喀纳斯湖

大量乳白色粉状冰碛物所致。有时还会诸色皆备，成为有名的"变色湖"。

喀纳斯湖水温变化很大，7月中旬正午湖面达20度，可下水游泳；而傍晚温度即迅速下降，冰冷刺骨。12月份湖面封冻，喀纳斯湖又像一面白水晶的镜子，当地蒙古族牧民就利用爬犁在湖面上运输。湖水要到来年5月才能融完。由于湖面强劲谷风的吹送，将上游和倒入湖中的树木吹向湖北端，在这里形成一条百余米宽、两公里长的枯朽浮木带，成为一大奇观。

据记载，喀纳斯湖是第二次大冰期的巨大山谷冰川刨蚀而形成的。当时喀纳斯湖冰川长达百余公里，冰川厚度大于二三百米。由于缓慢而稳定的退缩，在喀纳斯湖留下了宽约1公里、高50—70米的终碛垄，而后即迅速退缩，形成了现在喀纳斯湖的基础。现代冰川和古冰川地貌，发育、保存都相当完好。至今在湖东岸的高陡崖边，还保存着几十米长、布满丁字形冰川擦痕的羊背石，成为历史的见证。有趣的是在这羊背石上，还有古代岩石壁画，给喀纳斯湖增添了历史人文景观。那终碛垄便成了当地举行阿肯弹唱会和赛马的好场所。

这里年降雨量700—800毫米。由于山体高差很大，垂直自然景观带非常明显，在湖边就可饱览阿尔泰山7个自然景观带的真貌，层次鲜明，各成异彩。它们是黑钙土草甸带、冰沼土带和永久冰雪带。从山下到山顶，具备了从温带草原至极地苔原冰川地带的多种自然景观，因此，也为多种类型动植物的生存创造了条件。

这一带是中国唯一的南西伯利亚区系动植物分布区，有各种植物近1000种，兽类30多种，鸟类100余种，两栖爬虫类7种，鱼类8种，昆虫类300种以上。不同的植物群落层次分明，色彩各异。在25种木本植物中，以挺拔的西伯利亚落叶松、塔行的西伯利亚云杉、苍劲的西伯利亚红松、秀丽的西伯利亚冷杉为主，构成了湖岸漫山遍野的原始针叶林带。这里是中国唯一的欧洲—西伯利亚泰加林系"飞地"。

喀纳斯是野生动物的乐园，也是新疆鸟兽种类最多的地区，在密密的原始森林和遍生的天花草甸中还栖息着众多受国家保护的珍禽异兽。湖中哲罗鲑（大红鱼）、红鳞鲑（小红鱼）、北极回鱼和江鳕等冷水鱼成群结队，游来游去。红鱼最大的可长达4米、重20余公斤，它一口就能吞下一只野鸭。

以喀纳斯湖为中心，现已建立了自然景观保护区，总面积达5588平方千米。奇、特、绝、美的自然景观和浓郁、独特的人文景观，构成了保护区美妙神奇的特色，使其具有很高的科学考察、旅游观光、文化研究的价值。

喀纳斯湖主要旅游景区有：千米浮木长堤、云海佛光、变色湖、鸭泽湖、神仙湾、卧龙湾等。

其中，喀纳斯湖巨型"水怪"（湖怪）闻名天下，最令人记忆深刻。

多年以来，陆续有很多"目击者"称他们发现喀纳斯湖中有10米以上的巨型"水怪"（湖怪）出没。但是，也有科学家推测，那是一种大型哲罗鲑（俗称"大红鱼"）。

据当地图瓦人传说，游牧民遭遇过"水怪"（湖怪），亲眼看见"水怪"（湖怪）吞食在喀纳斯湖边喝水的牛马羊。

也有旅行家拍摄下喀纳斯湖巨型"水怪"（湖怪）的影像，但是终究距离太远，无法确定巨型"水怪"（湖怪）究竟是什么怪物。

喀纳斯湖巨型"水怪"（湖怪）的故事，随着时间推移，变得越来越神秘。

当地歌手流传着这样一句幽默的歌词："你看湖怪是湖怪，湖怪看你也是怪……"

新疆第一大咸水湖：艾比湖

新疆辽阔的面积，造就了新疆拥有中国最大的淡水湖。同时，新

一群渔鸥在艾比湖湿地飞翔

疆也有不少大的咸水湖。

艾比湖就是新疆第一大咸水湖，海拔189米，面积650平方千米，位于中国新疆准噶尔盆地西南部博尔塔拉州精河县城以北35公里处，西与北疆铁路精河到阿拉山口段相邻，向北行35公里，即到阿拉山口，东为甘家湖梭梭林自然保护区。

艾比湖，蒙古语称为"艾比淖尔"，"艾比"为"向阳"之意，"淖尔"意为"湖"，艾比湖即"向阳之湖"。博尔塔拉河、精河、奎屯河，分别从西、南、东三个方向注入艾比湖，成为湖水的主要来源。

艾比湖是准噶尔盆地最低点。

艾比湖湿地是国家级自然保护区。艾比湖独特的湿地生态环境，是数百种动、植物生息繁衍的场所，有着其生物资源的多样性。在生物资源中，首屈一指的要属卤虫，被艾比湖周围的人称为"软黄金"。

卤虫是一种小型甲壳动物，生活在高盐度水域中。卤虫卵是高档观赏鱼、名贵虾、蟹的良好活饵料。卤虫是一种稀缺资源。艾比湖的卤虫资源量在中国100多个盐湖中，名列榜首。

艾比湖畔是原始生态区，胡杨林、梭梭林、红柳遍布，黄羊、马鹿、野兔等生存其间。

当游客来到艾比湖畔，从红柳丛里，猛然窜出一只野兔或别的什么野生动物，你千万别吃惊。

大西洋最后一滴眼泪：赛里木湖

新疆有个地方，是被誉为"大西洋最后一滴眼泪"的地方。

这个地方不是山脉、草原、戈壁滩、荒漠，而是一个浩淼无边的湖——赛里木湖。

赛里木湖又名三台海子，古称"净海"。"赛里木"是哈萨克语"祝愿"的意思。湖面海拔2073米，东西长约20千米，南北宽约30千米，面积450多平方千米，水深处可达90余米。是中国新疆最大的高山湖泊，位于新疆博尔塔拉蒙古自治州博乐市西南，周围为塔尔钦斯凯山区。

赛里木湖湖面清澈、湛蓝、静谧、神奇，似一大颗晶莹的蓝宝石，安卧在辽阔的新疆大地上。这里因是大西洋的暖湿气流最后眷顾的地方，所以被称作"大西洋最后一滴眼泪"。

乌鲁木齐—伊犁公路就从赛里木湖的北岸经过。

赛里木湖略呈卵圆形，是一个周围封闭的内陆湖。在地质学上，赛里木湖是近期造山运动的产物。湖盆周围的山地，均由古生代岩层组成，其中不少地方石灰岩出露，因而潜水和裂隙水溶入了大量的碳酸钙，这也是导致湖水特别晶蓝、清澈的主要原因。

赛里木湖水中含盐量较少（每升水含盐2.5—3克），属微咸湖。

赛里木湖

但在离岸 200—300 米以内，由于湖周较淡的潜水注入，浮覆于湖水上层，因此牛羊还能饮用。

　　赛里木湖景色早为古人所赞赏。元初道士丘处机应当时率兵西征的成吉思汗的邀请，由山东经蒙古、新疆前往撒马尔罕，就曾路过赛里木湖，并以"天池"名之。他的弟子在《长春真人西游记》中，称此湖"方圆凡二百里，雪峰环之，倒影池中，师名之曰天池"。传说，成吉思汗曾经饮马赛里木湖，他也被赛里木湖的洒脱迷住了，在赛里木湖湖畔逗留多日。清洪亮吉亦曾称赛里木湖是"西来之异地，世外之灵壤"！

历史上由于这里是丝绸之路天山北道的必经之地，古人为了祈求平安，曾在湖的西岸松树头下建造了靖海寺。清巡抚潘效苏知道伊犁府时，又命于湖中东南小岛上修建了龙王庙。可惜这些寺庙于今都已荡然无存。

每年那达慕盛会，赛里木湖周边蒙古族、哈萨克族牧民都会在赛里木湖湖畔举办欢庆活动：赛马、叼羊、摔跤、阿肯弹唱，等等。

赛里木湖又被赞誉为"天山的明珠"，是国家重点风景名胜区。湖中从前没有鱼虾，20世纪80年代开始人工引入冷水性鱼类，目前是中国著名的冷水鱼养殖基地。

湖中野鸭、天鹅等水禽成群结队。

为了保证新疆海拔最高、面积最大的高山冷水湖——赛里木湖的永续发展，让赛湖优美的湖光山色得到有序开发，新疆编制了赛里木湖开发详规，并积极将赛湖申报为世界自然遗产地。

"赛里木湖十景"有："金缎镶边""科山观松""净海七彩""湖

哈萨克族男女阿肯对唱

心情侣""激浪拥堤""绿海珍珠""乌孙古冢""富士东峙""赛湖跃金"和"松头雾瀑"。

赛里木湖，神韵十足的湖，美丽的湖，传奇的湖。

"福海"：乌伦古湖

把一个盛产鱼类的大湖称为"福海"，是罕见的。

多年来，当地人都这么称呼乌伦古湖，约定俗成，以致乌伦古湖成为了书面语，人们口头上几乎不用了。

乌伦古湖，又名"福海""布伦托海""大海子"，位于中国新疆准噶尔盆地北部，福海县城西北。湖水面积735平方千米，是乌伦古河的归宿，被誉为"准噶尔明珠"。

乌伦古湖盛产五道黑、银鲫、鲤鱼、贝加尔雅罗鱼、河鲈、东方真鳊、哲罗鲑、斜齿鳊等，是新疆第二大渔业区，平均年产量3000吨以上，丰产年份高达4500吨，鱼产总量仅次于博斯腾湖，占新疆鱼产总量1/3以上。乌伦古湖周围水草丰美，是最佳牧场。

乌伦古河发源于阿尔泰山，是乌伦古湖的主要水源。乌伦古湖渔业区还包括165平方千米的吉力湖（小海子），两片水域加起来，湖水面积900平方千米。

乌伦古湖平均深度8米，北岸断崖，与额尔齐斯河仅距2.1千米，湖盆是由断层陷落而形成的。

乌伦古湖冬捕出鱼

游客与捕到的大鱼合影

　　乌伦古湖被文人墨客赞誉为"戈壁大海"。乌伦古湖水质极好，当地老百姓和各地食客把乌伦古湖产的各种鱼类统称为"福海鱼"，以吃上"福海鱼"为荣为乐。

　　到了冬季，乌伦古湖会进行别开生面的凿冰大拉网冬捕活动，常常吸引成千上万来自中国和世界各地的游客、摄影家前来旅游观看，已经成为阿勒泰地区冰雪旅游的主打旅游品牌。

　　千米长的大拉网经过数小时的围捕，收获的是成吨活蹦乱跳的"福海鱼"和成千上万来自游客的惊叹声！近年来，世界各地的游客、摄影家纷纷盯上了乌伦古湖的冬捕活动。大拉网冬捕非常壮观，第一网捕到的头鱼，也成为了价格不菲的抢手货。

　　基于对乌伦古湖的保护、休养生息和可持续发展规划，新疆有关部门采取了定期休渔、按时向湖内投放鱼苗、湖周围禁止设立工厂、禁止往湖内排放污水等措施，收到了良好的社会效益、经济效益，达到了环境保护和生态保护的要求。

"月色美人湖"：艾丁湖

艾丁湖是中国最低的湖泊，也是世界第二低地，湖面低于海平面154.43米，仅次于低于海平面391米的约旦的死海。艾丁湖是2.49亿年前喜马拉雅山造山运动的产物。

它是一个内陆咸水湖，位于吐鲁番市南50公里的恰特卡勒乡境内。由于湖中盐结晶而洁白如月光，被当地人称为"月色美人湖"。

艾丁湖在吐鲁番盆地中央，远在千万年以前，艾丁湖还是一个面积比现在的湖水面积大1000倍的淡水湖泊。现在的湖大部分是皱褶如波的干涸湖底。

艾丁湖湖水主要是火焰山的泉水、坎儿井水以地下水形式补给，地表径流主要来自白杨河经托克逊灌区后的馀水。因此在冬季灌溉需水量不多、蒸发量减小时，入湖水量会增加，水位会升高。夏季灌区用水量多时，入湖水量则减少。湖水位年最大变幅在45公分左右。由于蒸发强烈，夏季湖水矿化度高达210克每升。

目前艾丁湖的北部已逐渐干涸，湖盆残留大片盐壳。

"地球之耳"：罗布泊

罗布泊是个适合探险的地方。

因为它太神秘了，也太难以抵达了。尽管它有的地方曾经是那么繁华，尽管它曾经是浩瀚的地球上最大的湖泊……

罗布泊，位于中国新疆塔里木盆地，海拔778米，曾是中国西北干旱区最著名的大湖，中国第二大内陆湖。

现在的罗布泊湖盆，除了起伏延展的盐壳之外，已滴水无存。正因这一地区极端干旱，自然条件异常恶劣，因此，罗布泊在人们的心目中，始终蒙着神秘的面纱。20世纪初瑞典探险家斯文·赫定首次

罗布泊钾盐矿床

进入罗布泊，它才逐渐为人所知。

在卫星拍摄的照片上，罗布泊像一只巨大的耳朵，因此学者们将罗布泊誉为"地球之耳"。

罗布泊，古时有种种名称，《山海经》称"湖泽"，《史记》《汉书》称"盐泽""蒲昌海"，《水经注》称为"牢兰海"，唐时又称"临海""辅日海"，其后还有"洛普池""罗布池"之名。清代《河源纪略》始用蒙古语名称"罗布淖尔"，意为"多水汇集的湖泊"。

有现代学者将其称为"消逝的仙湖"。

《汉书》称该湖"广袤三百里，其水亭居，冬夏不增减。"可见该湖在古代时，水面是很大的。过去塔里木河、孔雀河等河流都注入罗布泊，由于河水带来上游的大量矿物质，逐渐沉积湖中，因而湖水含盐量很高，"盐泽"之名由此而来。

罗布泊地区原来水草茂盛，古代丝绸之路的南道即从湖边通过。位于罗布泊西北的楼兰古城，是当时丝绸之路上的军事重镇和贸易点，可惜如今城址大半被风沙埋没，千古之谜，尚待考古学家们继续探揭。

外国考古探险家关于罗布泊是个"游移湖"的观点，曾引起中外学者几十年的争论。1980年和1981年，中国科学院新疆分院组织的考察队，由著名科学家彭加木率领，进入罗布泊进行科学考察，进一步揭开了罗布泊之谜。

考察结果说明，罗布泊的变迁，不是湖泊本身移动，而是塔里木河下游改道，形成新湖，同时，旧湖因得不到河水补给，遂逐渐缩小以至干涸，所以并不存在什么"游移湖"的问题。20世纪50年代末，中国科学工作者在罗布泊北岸考察时，记录到这里尚有数百平方千米的水面。他们还在湖面划过橡皮船，捕获过1米多长的大兔。可是在1973年的卫星照片上，这些水面已经消失，只留下一道半环形的痕迹——环形堤，像一只巨大的耳朵。

千年前，罗布泊是个巨大的湖泊。当代科学家测算出古代罗布泊湖水面积超过1万平方千米。百年前，罗布泊依然是个大湖泊。20世纪40年代罗布泊湖水面积最大时达3000平方千米，60年代湖水面积锐减到660平方千米，到了70年代湖水干涸。

罗布泊有中国最丰富的钾盐矿藏资源，罗布泊地区北部钾盐储量2.5亿吨以上，是中国为数不多的钾盐矿中次大的一个超大型钾盐矿，预计罗布泊镇将会取代格尔木成为中国最大的钾盐生产基地。

现如今，罗布泊周边已形成一系列成熟的旅游风景区：汉代烽火台、营盘汉代遗址、龙城雅丹、土垠、太阳墓、罗布泊文明的古胡杨林、余纯顺墓、罗布泊湖心标志、孔雀河、楼兰古城、红柳沟、楼兰农场等。

罗布泊还是野骆驼生存栖息的天堂。罗布泊的野骆驼，是比大熊猫都珍贵的单峰野骆驼。野骆驼机警过人，几十千米之外，就能够闻到人的味道。探险者想一睹野骆驼的风采，也是可遇而不可求的。

围绕着罗布泊，自古至今，有不计其数的传说、典故、离奇故事，还有很多惊人的考古发现。罗布泊，对谁都是那么神秘。

沙漠·戈壁

"死亡之海"：塔克拉玛干沙漠

对有些人来说，塔克拉玛干沙漠，是一个可怕的、"恐怖"的地方。而对另一些人来说，塔克拉玛干沙漠，是一个可爱的、"很酷"的地方。因为，塔克拉玛干沙漠，被人们称为"死亡之海"，是"进去出不来的地方"，是世界第二大流动沙漠。

塔克拉玛干沙漠位于南疆塔里木盆地中心，北为天山，西为帕米尔高原，南为昆仑山，东为罗布泊洼地。

塔克拉玛干沙漠是中国最大的沙漠，面积仅次于非洲撒哈拉大沙漠，故被称为"塔克拉玛干大沙漠"，流沙面积世界第一。塔克拉玛干沙漠太大了！整个沙漠东西长 1000 余千米，南北宽 400 多千米，总面积 33.7 万平方千米。

这里是沙子的海洋，连绵不绝的沙丘，有的像大海里的波浪，有

的像长龙，有的像巨大的扇子，有的像卧着的骆驼，有的像鲸鱼……塔克拉玛干沙漠是世界上最美的沙漠之一，这也吸引了大批探险家和摄影家前来一睹风采。

塔克拉玛干沙漠以流沙占绝对优势，流沙面积占整个沙漠面积的85%，且沙丘高大，除边缘外，一般均在50—100米以上。沙漠在西部和南部海拔高达1200—1500米，在东部和北部则为800—1000米。由于整个沙漠受西北和南北两个盛行风向的交叉影响，风沙活动十分频繁而剧烈。全年有三分之一时间是风沙日，大风风速每秒可达300米。据测算，低矮的沙丘每年可移动约20米，近一千年来，整个沙漠向南伸延了约100公里。

世界上很多大探险家都想征服浩瀚的塔克拉玛干沙漠，但是，塔克拉玛干沙漠却以严酷的自然环境令很多冒险家都望而却步。

塔克拉玛干沙漠系暖温带干旱沙漠，酷暑最高温度达67.2℃，

塔克拉玛干沙漠与胡杨

昼夜温差达 40℃ 以上。白天能够把鸡蛋晒爆裂，晚上冷得如同下到了冰窖里。年平均降水量不超过 100 毫米，最低只有四五毫米；而平均蒸发量高达 2500—3400 毫米。

沙尘暴袭击更是家常便饭。沙尘暴袭击时，风沙弥漫整个沙漠，大地一片昏黄，不见日月，只听狂风裹挟着黄沙，黄沙借着风力，拼命流窜，撕心裂肺般地吼叫，如同一群群魔鬼在沙漠腹地舞蹈、挣扎。

塔克拉玛干沙漠的另一个奇景，就是"海市蜃楼"了。常有旅人看见"海市蜃楼"，信以为真，等奔过去，才发现迷失了方向，还在沙漠里打转转。这时，如果不能及时获得补给救助，很有可能就真的"进去出不来"了。

然而，生命是顽强的。

即使在"死亡之海"的塔克拉玛干沙漠里，依然有生命的存在。

瞧，那些胡杨、红柳、骆驼刺，竟然在"死亡之海"生存了下来。这充分否定了塔克拉玛干沙漠是绝对的"死亡之海""生命禁区"这个自古以来人们得出的结论。胡杨的生命力极强，号称："生而一千年不死，死而一千年不倒，倒而一千年不腐。"

据说，有气象记载以来，塔克拉玛干沙漠最热的一天是 68℃，也就是说，人和动物如果不采取避暑措施，都将被活活晒死、烤死。而植物的根必须深扎于水源充足的地下，方能躲过酷热这"一劫"。

好在新疆沙漠地区都是干热，热量主要是来自太阳暴晒，只要有阴凉遮蔽，不被太阳暴晒，有足够的水，就能够度过炎夏。

因此，有的探险家命丧塔克拉玛干沙漠，往往不是热死的，也不是冻死的，而是迷失了方向，没有足够的水补充，走不出大沙漠，被活活渴死的。

所以，有经验的探险家，往往会带上超出日常需要的几倍的水上路，以防万一。而这个经验往往又救了他们。

在塔克拉玛干沙漠，缺什么都可以，但是不能缺水。没有干粮了，甚至几天也饿不死，但是，一旦没有了水，就等于没有了生命保障线。

在一个蒸发量极高，而降水量几乎为零的地区，水，成为衡量塔克拉玛干沙漠是不是"死亡之海""生命禁区"的一个绝对标准。胡杨、红柳、骆驼刺生存的地方，证明沙漠地下有水。否则，任何生命在这样一个极端干旱的环境里都无法生存。

在塔克拉玛干沙漠边缘地区，有河流，就有绿洲。在沙漠与绿洲交接处，有狐狸、塔里木兔、猞猁、野猪、鹿等200多种野生动物。据说，还有很多野骆驼。植物有70多种。另外，塔克拉玛干沙漠的地下蕴藏着巨大的石油和天然气资源。

在塔克拉玛干沙漠腹地，至今还埋藏着无数故城遗址、古村落、古代文明遗迹，有待人们进一步去发现、挖掘、保护、抢救、传承。

20世纪初，探险家斯坦因在塔克拉玛干沙漠南部地区发现了尼雅遗址，在当时的中外探险考古学术界引起了巨大的轰动。

尼雅遗址是古丝绸之路上的一处重要遗址。它的发现，向人们透露出一个重要信息，塔克拉玛干沙漠地区，也曾经有过光辉灿烂的文明。

传说，在古代，这里曾遭遇过不明飞行物（UFO）的袭击。到底是天外来客毁灭了沙漠中的城市，还是气候、环境的迁移毁灭了远古文明，还有待科学家考证。

中国第二大沙漠：古尔班通古特沙漠

在新疆，除了塔克拉玛干沙漠，还有另一个大沙漠，就是古尔班通古特沙漠。

古尔班通古特沙漠位于新疆准噶尔盆地中央，玛纳斯河以东及乌伦古河以南，是中国第二大沙漠，也是中国面积最大的固定、半固定沙漠。

古尔班通古特沙漠面积大约有4.88万平方千米，海拔300—600

米，水源较多。

古尔班通古特沙漠位于天山经济带北麓，年降水量70—150毫米，沙漠内部绝大部分为固定和半固定沙丘，其面积占整个沙漠面积的97%，形成中国面积最大的固定、半固定沙漠。

古尔班通古特沙漠的沙粒主要来源于天山北麓各河流的冲积沙层。沙漠中最有代表性的沙丘类型是沙垄，占沙漠面积的50%以上。沙垄平面形态成树枝状，其长度从数百米至十余公里，高度自10—50米不等，南高北低。在沙漠的中部和北部，沙垄的排列大致呈南北走向，沙漠东南部成西北—东南走向。

古尔班通古特沙漠的西部和中部以中亚荒漠植被区系的种类占优势，广泛分布以白梭梭、梭梭、苦艾蒿、白蒿、蛇麻黄、囊果苔草和多种短命植物等。

古尔班通古特沙漠西缘有甘家湖梭梭林自然保护区，为中国唯一以保护荒漠植被而建立的自然保护区，面积上千公顷。古尔班通古特沙漠的梭梭分布面积达100万公顷，在古湖积平原和河流下游三角洲上形成"荒漠丛林"。

古尔班通古特沙漠里，最引人注目的是野驴和野马等世上珍稀的野生动物。此外，成群结队的黄羊，也是一道亮丽的风景。

小时侯，我就生活在古尔班通古特沙漠地区，对黄羊的习性颇为了解。

有时，在戈壁滩上远远看见黄羊，黄羊并不惊慌。可是，当我试图接近黄羊时，机灵的黄羊却猛地跳跃起来，飞速而去，其敏捷的样子，快如闪电。我们跑得再快，也休想在百米内靠近黄羊一步。即使我骑上自行车撵，也完全是徒劳。因为自行车的速度最快大概也就每小时30千米，可黄羊最高时速可达60千米以上。好骑手骑马追，也是徒劳。

黄羊像是故意逗人们。你追它就跳，你累坏了休息，它也远远看着你停下休息。仿佛在说：想撵上我？没门儿！

古尔班通古特沙漠中的绿洲

只有狼群能够对付黄羊，因为狼群善于打伏击，又善于偷袭。虽然大部分黄羊都能够及时逃出狼群的包围圈，但是那些老弱病残的黄羊，就难免遭遇狼群的合力围攻了。

"探险家乐园"：库姆塔格沙漠

在中国西部，有个地方是探险家常去的地方。这个地方，就是库姆塔格沙漠。

著名的库姆塔格沙漠位于中国新疆鄯善老城南端，全称为"鄯善县库姆塔格沙漠风景名胜区"（简称鄯善库姆塔格沙漠），面积1872平方千米。这里被誉为"探险家乐园"。

"库姆塔格"维吾尔语意为"沙山"。在库姆塔格沙漠中主要分布复合型沙垄、新月型沙垄、线性沙垄，有格状沙丘、新月形沙丘、金字塔形沙丘、线状沙丘等沙丘类型，另外，还有世界上独有的羽毛状沙丘。

库木塔格沙漠里美丽的新疆姑娘

　　库姆塔格沙漠气候极端干旱，干沙层深厚，沙漠腹地几乎无植被分布，沙丘流动性大，是中国西北干旱区自然条件最为严酷的沙漠。

　　鄯善县库姆塔格沙漠是国家重点风景名胜区、世界上唯一与城市相连的沙漠。

　　库姆塔格沙漠的形成，主要是因为来自天山七角井风口和达坂城风口的狂风，沿途经过长风程，挟带着大量沙子，最后在库姆塔格地区相遇碰撞并沉积，形成"有沙山的沙漠"这一独特的景观。

　　库姆塔格沙漠已开辟成为集科研、考察、探险、沙地运动、沙疗保健、大漠观光于一体的风景区。风景区风沙地貌、景观类型齐全。沙漠地形地貌有沙窝地、蜂窝状沙地、平沙地、波状沙丘地、鱼鳞纹沙坡地、沙漠戈壁混合地等。景区常见"大漠孤烟直，长河落日圆"的壮景。

　　库姆塔格沙漠的南缘就是唐代连通沙州（敦煌）和西州（吐鲁番）

库姆塔格沙漠

的古丝绸之路的另一通道——大海道。唐代文书称："大海道，右边
出柳中县（今鄯善鲁克沁镇）界，东南向沙州（敦煌）一千三百六十
里。常流沙，行人多迷途。有泉井，咸苦，无草。行者负水担粮，履
绕沙石，往来困弊。"唐代称库姆塔格沙漠为"大患鬼魅碛"，大海
道是丝绸之路古道中最神秘之途，吸引来一批又一批的探险家。

　　库姆塔格沙漠的沙疗，已有上千年的历史。据说，沙疗对风湿和
类风湿关节炎、腰酸背痛腿抽筋、风寒病等多种疑难杂症具有神奇的
疗效，还能提高免疫力。

　　每到春夏秋季，五湖四海慕名而来的游客，蜂拥到库姆塔格沙漠，
用晒热的沙子治疗风湿。

　　鄯善县抓住沙漠干旱少雨的特点，从 10 年前起每年在库姆塔格
沙漠举办一次国际沙雕艺术节，通过艺术手段再现丝路文化的风采。

　　目前，有关部门正在库姆塔格沙漠打造一座中国乃至世界最大、

保存时间最长的沙雕艺术作品陈列馆，同时建设成为世界沙雕艺术家向往的沙雕艺术圣地。

"八百里瀚海"：噶顺戈壁

古今诗词歌赋里，各种典籍里，常见"八百里瀚海"。那么这"八百里瀚海"究竟是指哪里呢？

这"八百里瀚海"，指的就是中国新疆的噶顺戈壁。

噶顺戈壁又称莫贺延碛，位于哈密与安西之间，是新疆东部和河西走廊西端连接带上戈壁分布最集中、类型最复杂的地方。

唐玄奘记载噶顺戈壁曰："莫贺延碛长八百里，古曰沙河。上无飞鸟下无走兽，伏无水草顾影唯一。四夜五日口腹干焦几将殒绝。四顾茫然，夜则妖魅举火，灿若繁星，昼则惊风拥沙，散若时雨。"

天上连飞鸟都没有，可见"八百里瀚海"的确名不虚传。

俄国探险家普尔热瓦尔斯基在日记中描绘噶顺戈壁道："大碛直径 110 公里，海拔 1600 米，为波状平原，到处是高台，像塔一样的黄土悬崖，土壤掺着沙砾的卵石覆盖着，戈壁中既没有植物，也没有动物，甚至连蜥蜴和昆虫也没有，白天地面灼热，笼罩着一层像充满烟雾一样的浑浊空气，一路上到处可以看见骡马和骆驼的骨头，呈现出一片十分可怕的景象。"

噶顺戈壁，连普尔热瓦尔斯基这样的冒险家都感到"十分可怕"，真可见噶顺戈壁之艰险了。

噶顺戈壁主要为风蚀戈壁地貌。噶顺戈壁气候极端干旱，年降水量在 30 毫米以下，是干燥剥蚀最强的高原区域。

难怪噶顺戈壁几乎所有的地面寸草不生，连野兔都罕见。

草 原

中国第二大草原：巴音布鲁克草原

美丽的巴音布鲁克草原是中国第二大草原。

巴音布鲁克草原是波涛汹涌的海洋，绿色的浪花铺天盖地地翻涌，浪花盛开又淹没，淹没又盛开，生生不息，仿佛永远不会疲倦。

巴音布鲁克草原位于中国新疆巴音郭楞蒙古自治州和静县西北、天山山脉中部的山间盆地中。

巴音布鲁克，蒙语是"永不枯竭的甘泉"之意。

巴音布鲁克草原距库尔勒市 363 千米，由大、小珠勒图斯两个高位山间盆地和山区丘陵草场组成，草原东西长 270 千米，南北宽 136 千米，总面积 23835 平方千米，可利用草场面积 20519 平方千米，平均海拔在 1500 米至 2500 米之间，是仅次于内蒙古鄂尔多斯的第二大草原。

巴音布鲁克大草原既是中国第二大草原，也是中国最大的高山草原。巴音布鲁克草原四周山体海拔均在 3000 米以上，为典型的高寒草原草场、高寒草甸草场、高寒沼泽草场和山地草甸草场。巴音布鲁克草原地处天山隆起带的山间盆地，属中生代山间断陷。盆底被第四纪沉积物覆盖。是集山岳、盆地、草原为一体的自然风景区。

巴音布鲁克草原地势平坦，水草丰盛，是典型的禾草草甸草原，也是新疆最重要的畜牧业基地之一。

草原水源补给以冰雪溶水和降雨混合为主，部分地区有地下水补给，形成了大量的沼泽草地和湖泊。巴音布鲁克草原共有大小 13 处泉水，7 个湖泊，以及 20 条河流。

草原上雄伟的额尔宾山东西绵延 170 千米，南北宽约 50 千米，将巴音布鲁克大草原一分为二，形成两个盆地。千余眼泉水分布于整个草原，与冰雪融化的涓涓细流汇集于盆地，形成巴音郭楞蒙古自治州的母亲河——开都河。古老的开都河穿越两盆地之间，使草原上形

巴音布鲁克草原

成大大小小的牛轭湖、沼泽湿地。

巴音布鲁克大草原由于受人类活动影响较小，保存了世界上多种稀有物种，成为天鹅等野生动物理想的繁殖栖息地。其中鸟类23科128种、兽类12科24种、爬行类2科4种、两栖类2科2种、鱼科2科5种及多种无脊椎动物等。景观基本都处于原始状态，具有垄断性和不可替代性。

巴音布鲁克草原植物种类繁多，是新疆重要的牧业基地之一。这里盛产"草原四宝"：焉耆天山马、巴音布鲁克大尾羊、中国的美利

奴羊和有"高原坦克"之称的牦牛。

巴音布鲁克草原旅游景区有：天鹅湖自然保护区、九曲十八弯的通天河、奎克乌苏石林、浩腾萨拉瀑布、阿尔先温泉、巩乃斯森林公园等。

有人赞美巴音布鲁克草原是仙境，有人迷恋巴音布鲁克草原的天鹅，有人喜欢巴音布鲁克草原的骏马……

新疆第二大草原：巴里坤草原

巴里坤草原很大，面积相当于 10 个香港。

巴里坤草原在中国新疆哈密地区巴里坤哈萨克自治县境内，是新疆的第二大草原，总面积 1 万多平方千米。

巴里坤哈萨克自治县是新疆东北部的一个边境县，位于天山山脉东段与东准噶尔断块山系之间的草原上，东邻伊吾县，南接哈密市，西毗木垒哈萨克自治县，北界蒙古人民共和国，中蒙国界长达 309 千米。全县总面积 38445.3 平方千米，县城西距新疆首府乌鲁木齐市 595 千米。

也就是说，巴里坤哈萨克自治县约三分之一都是水草丰美的巴里坤草原。

巴里坤县的地势，东南高，西北低，受地质构造控制，大体可以分为高中山地、高原、盆地、戈壁荒漠、湖泊五大类。

巴里坤盆地是由巴里坤山、莫钦乌拉山和萨尔乔克西山所包围的山间盆地，是巴里坤县的平原地区。海拔 1500—2000 米。其中，西北山势最低，形成了水气入侵的天然缺口，盆底西宽东窄，状如老虎大腿。地势由东向西倾斜，巴里坤湖为盆地的最低处，海拔 1581 米。盆地分为三个地形区：南北高山区、西部低山区及中部高位盆地。整个盆地面积 4514.64 平方千米，占全县总面积的 11.74%。

巴里坤·天山东部

　　巴里坤草原海拔 1650 米，有"天马故乡"之称。

　　据《新疆图志·山脉志》记载："群山惟岳公台最雄杰，前有八阵奇门，两面能容万马……"传说在巴里坤草原出征，能够克敌制胜。清代宁远大将军两次远征准噶尔，据说三年都在巴里坤草原操兵点将，两次征战都凯旋而归。

　　据说，巴里坤草原的羊肥马壮，以致有一年引来大批狼群，给当地牧民带来狼害。当地牧民在有关部门帮助之下，展开了适当的驱狼、捕狼行动，才让贪婪的狼们有所收敛。

　　当地牧民的牧羊犬很勇敢、机灵，牧羊犬救羊群救主人的故事时

常发生并在草原上广为流传。

中国六大最美草原之一：那拉提草原

那拉提草原是中国六大最美草原之一，到处都是舒目悦心、绿到极至的"绿毯"。

那拉提草原位于中国伊犁新源县那拉提镇境内，楚鲁特山北坡，以那拉提镇旅游接待站为核心，包括周围草原、赛马场等众多景点。坡度约 11—12 度，生长着茂盛的细茎鸢尾群系山地草甸。

　　那拉提风景区，地处天山腹地，在被誉为"塞外江南"的伊犁河谷东端，规划总面积 960 平方千米，平均海拔 1800 米，年降雨量在 880 毫米左右，夏季平均气温在 20℃ 左右，三面环山，巩乃斯河蜿蜒流过，可谓是"三面青山列翠屏，腰围玉带河纵横"。

　　那拉提草原是发育在第三纪古洪积层上的中山地草场，东南接那拉提高岭，如同屏障，西北沿巩乃斯河上游谷地断落，地势大面积倾斜，山泉很多，林密草深，是巩乃斯草原的重要夏牧场。

　　中国十分之一的哈萨克族人民居住在那拉提草原上，那拉提草原素有"哈萨克族的摇篮"之美誉。千百年来，哈萨克族人就在那拉提

那拉提草原

草原上游牧生息。

那拉提草原夏天非常凉爽，是著名的避暑胜地。植被系亚高山草甸植物。中生杂草与禾草构成植株高达 50—60 厘米，覆盖度可达 75%—90%。这里还生长着茂盛的细茎鸢尾群系山地草甸。其它伴生种类主要有糙苏、假龙胆、苔草、冰草、羊茅、草莓和百里香等。

那拉提草原已成为中国最热的旅游草原。那拉提草原风景旅游区是国家 4A 级旅游风景区、新疆十大风景区之一、自治区级风景名胜区，是新疆的重要景区和品牌，也是伊犁河谷在中国的著名品牌。

那拉提草原风景旅游区共有各类自然景观资源 73 处，占全部景观资源的 74%。其中特级景源 1 个——雪岭云杉林，一级景观资源 31 个。

那拉提草原风景旅游区内集草原、沟谷、森林于一体，植被覆盖率高，野生动物资源丰富，仅被列入国家一、二类保护动物的就有 25 种，其中鸟类 18 种，兽类 7 种。盘羊、金雕、大天鹅、马鹿、雪豹、北山羊、鸨等属国家重点保护动物。这里树龄在 200—300 年以上的古云杉到处都是。

那拉提旅游风景区因自然生态景观和人文景观独具特色，而被誉为"天山绿岛""绿色家园""五彩草原"。

"天山红花"：唐布拉草原

唐布拉草原是一个古老而神秘的草原是新疆伊犁地区五大草原之一。

当年红遍中华大地的电影《天山红花》曾在此地取外景，唐布拉从此便更加有名。

唐布拉草原位于尼勒克县境内喀什河上游峡谷，距县城东南 105 千米。喀什河两岸丰茂的山地草原和河谷草原即人们通常所指的唐布

唐布拉

拉草原，得名于唐布拉大峡谷。因为其山谷东侧山梁上有块硕大无比的岩石，恰似玉玺印章，故得名唐布拉（哈萨克语意为印章）。位于乔尔玛唐布拉大峡谷，东接独山子—库车公路。

唐布拉草原清代时是伊犁将军行猎、避暑之地。唐布拉的许多沟谷都有天然温泉，数量多，分布广。唐布拉森林公园位于喀什河上游南岸阿吾拉勒山北坡唐布拉沟内。

唐布拉草原那茂密的森林，广袤的草原，飞流的泉水，嶙峋的山石，无不令人流连忘返。

"太阳坡"上的大草原：巩乃斯草原

巩乃斯草原是新疆大草原之一，阳光明媚，绿草如茵，牛羊遍地。

巩乃斯草原，蒙语意为"太阳坡"上的草原。

巩乃斯草原主要是指巩乃斯河系贯通的河谷山地草原，是伊犁多类型草场的典型分布区。巩乃斯草原大部分位于新源县辖区内，海拔800—2084 米。

巩乃斯草原不仅是新疆细毛羊的故乡，而且是伊犁天马的重要产地。巩乃斯草原降水丰富，水系发达，草原类型复杂多样，四季有充足的水草资源。尤其是中山带的山地草甸及海拔较高的亚高山草甸，

巩乃斯森林公园

植物种类繁多。

　　夏季是巩乃斯草原的黄金季节,每当这时都会迎来五湖四海的游客。巩乃斯草原的初夏景色极其壮美。草长莺飞,鸟语花香,大草原生机盎然。距新源县城 3 公里,恰合普河飞泻而成的恰合普瀑布呼啸而下,是巩乃斯重要的景点之一。

　　伊犁巩乃斯草原,来过就会终身难忘。

最美的田园画卷：禾木草原

　　在美丽的喀纳斯湖附近,有一个美丽的田园式草原——禾木草原。

　　禾木草原位于布尔津县喀纳斯河与禾木河交汇区的山间断陷盆地中,海拔 1124—2300 米。盆地周围山体宽厚,顶部呈浑圆状,河流

禾木村

多切割为峡谷，地形复杂，禾木河自东北向西南贯穿其间，将草原分割为两半，阳坡林密，阴坡草密。

禾木乡是中国西部最北端的乡之一。这里的禾木村，是图瓦人村庄之一，也是三个图瓦人村落（禾木村、喀纳斯村和白哈巴村）中最大的村庄，总面积 3040 平方千米，全乡现有 1800 余人，以蒙古族图瓦人和哈萨克族为主，其中蒙古族图瓦人有 1400 多人，他们的木屋散布在山地草原上。

禾木草原水热条件好，年降水量大，植被以禾本科与杂草类为主，主要种类有羊茅、毛莨、珠芽蓼、苔草及禾草等，是附近地区主要的夏牧场和冬牧场。

禾木河自东北向西南流淌，图瓦人的小木屋，古朴的原始村落与森林、大草原相互辉映，形成美妙的自然与人文景观。

禾木草原有四宝：鹿茸、白蜂蜜、冬虫夏草、柴胡，都是药用价值极高的名贵中药材资源。

禾木草原的秋天很美，层林尽染，像一幅幅浓墨重彩的油画。

新疆最美的草原：特克斯草原

特克斯草原在中国新疆伊犁的特克斯、昭苏县境内。"特克斯"在当地牧民的词汇里有"羊多"的意思，特克斯草原即羊多的草原。

特克斯县城是中国唯一的八卦城，昭苏县则是天马——伊犁马的故乡。特克斯八卦城位于天山北麓西部，特昭盆地东段，距乌鲁木齐815 公里，距伊宁市 119 公里。

特克斯草原上有许多古代遗迹，如草原石人、塞人古墓、古代岩画等。还有阔克苏温泉，位于特克斯县南约 50 千米，海拔 1640 米。温泉出自阔克苏河谷左岸岩石裂隙，有泉眼两处。水质清澈，水温40℃—50℃，泉水中含有碳酸盐、硫、磷等多种矿物质，据说对风湿

特克斯草原，蓝天白云青草地。

病、关节炎、皮肤病等有疗效。

在特克斯草原，最神秘，最具有历史感的，也最有趣的，就是草原石人。

千百年来，草原石人虽然一动不动地守望在特克斯草原深处，但是人们却通过神奇的传说，赋予草原石人新的生命。

有人说，仿佛能够听见草原石人在辽阔的旷野独唱歌曲，其他石人也不再守口如瓶，纷纷加入合唱。

有人说，好像看见戈壁上奔跑的石人，也来到了草原。在冬季，那些藏在山洞里的石人，忍受着穿堂风的肆虐，是诗歌和音乐拯救了他们。

更有一种貌似离谱的传说，说是一些灵敏度很高的草原石人，实

际上来自另外一个星球，他们是另一个星球的艺术家和热恋者，他们像水蒸气一样在他们那个星球蒸发了，却出现在了这里……

世界上少有的天然草场：喀拉峻草原

喀拉峻草原像碧绿的地毯，铺满平原、山谷、洼地、丘陵。

喀拉峻草原是世界上少有的一流的天然草场。

喀拉峻草原，位于中国伊犁特克斯县南喀拉峻山，主要指阔克苏河以东，喀甫萨郎河以南，以喀拉峻山为主体，南接琼库什台，包括琼库什台、克什库什台和库尔代峡谷，面积约 759 平方千米。喀拉峻草原是典型的山地草甸类型草原。

"喀拉峻"是哈萨克语，"喀拉"有深色、浓郁和辽阔的意思，"峻"形容茂密的样子，从字面上理解，"喀拉峻大草原"可译为"苍苍莽莽的草原"。这个海拔 2000—2800 米之间的大草原，南北宽 3—6 千米，东西长 40 千米，面积达 200 平方千米，据说如果算上外延就有 2800 平方千米。

这里是骏马奔驰的地方，也是休闲避暑胜地。

在喀拉峻草原，能够清晰地观察每一棵小草，而白云白得似雪，游人伸出手抓呀抓呀，不过，喀拉峻草原的云，狡猾异常，除了那富有诗情画意的诗人画家，一般的游客是抓不住的……

闲暇时光，人们喜欢在喀拉峻草原纵情歌唱，手舞足蹈。优美的舞姿吸引着更多的游客。

喀拉峻草原的清晨是明媚的，午后是迷人的，喀拉峻草原的夜晚更让人留恋……

　　新疆维吾尔自治区伊犁哈萨克自治州，蓝天白云下是雪山，雪山杉林下是琼库什台，琼库什台下是喀拉峻草原。

"风吹草低见牛羊"：库尔德宁草原

　　库尔德宁草原，是一个富有诗意的地方，经常出现在诗人的笔下。

　　库尔德宁草原，位于中国伊犁地区。

　　伊犁人自豪地说：要想欣赏"风吹草低见牛羊"的景象，到库尔德宁草原随处可见。

　　库尔德宁草原，之所以名气很大，源于草原上开满野花，牧人的羊群像绿毯上的白云一样移动。而无数伊犁骏马又奔驰在辽阔的大草原上。

　　那场景，那气势，如同人间仙境或最美风光电影片中的画面。

　　蓝天、白云、绿草地，再加上"风吹草低见牛羊"，令人陶醉。

　　很多人说，库尔德宁草原，是个去了还想去的地方。

　　伊犁人说，没有去过库尔德宁草原，就等于没有去过伊犁。

库尔德宁的早晨

奇观

世界四大文化体系的交汇点：吐鲁番

吐鲁番位于中国新疆东部，面积相当于爱尔兰。维吾尔语里，吐鲁番意为"富饶之地"。在这里居住的民族多达 36 个，维吾尔族是这里的主体民族，居民多信仰伊斯兰教。吐鲁番被历史学家认为曾经是维吾尔民族一个重要的发祥地。吐鲁番各民族都基本能够用汉语进行交流。这里的绝大多数人使用汉语或者维吾尔语等多种语言。汉语普及水平很高。

吐鲁番是中国乃至世界有影响力的地区之一。吐鲁番是丝绸之路的咽喉，是古代西域佛教中心之一，是著名的唐代高昌乐舞的发源地。吐鲁番木卡姆、"麦西来甫"闻名天下。中华文化、印度文化、希腊文化、伊斯兰文化等多种文明曾在这里碰撞、交融。吐鲁番被世人称为世界四大文化体系的交汇点、华夏灿烂文明进程的活化石、西域丝路精妙绝伦的博物馆、人与自然和谐生存的欢乐园。

吐鲁番地区40万亩葡萄获得大丰收

吐鲁番北面是博格达山，南面是库鲁克塔格山，西面是巴音布鲁克大草原，东面是新疆东大门哈密。吐鲁番盆地是地球上一半以上面积低于海平面的洼地之一。吐鲁番又是地球上的一个火炉，最高气温接近50℃。据说，被太阳晒得滚烫的沙子能够烫熟鸡蛋，石头能够烫熟面饼。吐鲁番盆地里火焰山地表最高温度可达80℃。

吐鲁番盆地肥沃的土地上盛产葡萄、哈密瓜、西瓜、棉花。多年前，著名的吐鲁番阿斯塔那古墓群里惊现中国唐王朝时代的西瓜籽。吐鲁番植棉史长达2000多年，其长绒棉畅销世界。吐鲁番盆地煤炭储量惊人，据资料显示，吐鲁番盆地是全球十大煤炭资源地之一。

被世界各地学者誉为人类文明三大奇迹的吐鲁番坎儿井，是古代人类文明和智慧的结晶。现存约1000条，总长约5000公里，相当于60多个巴拿马运河的长度。

吐鲁番是中国的旅游胜地，新疆旅游龙头之地。交河故城、高昌故城、土峪沟、苏公塔、阿斯塔那古墓群、柏孜克里克千佛洞、火焰山、坎儿井、葡萄沟等旅游地美不胜收。

3000多年前起建的交河故城是世界上最庞大、最悠久、保存最完整的生土建筑城市，也是世界现存最好的城市遗址之一。这里曾是唐西域最高行政机构安西都护府所在地。

吐鲁番高昌故城始建于汉代，唐朝时期玄奘曾在这里讲学。

吐鲁番是世界上地上的宝藏和地下的宝藏最丰富珍贵、历史最悠久、最值得学者考察研究、最吸引探险者探索的魅力地区之一。

中国最热的地方：火焰山

凡是看过《西游记》的人，恐怕都记得里面有唐僧、孙悟空一行过那燃烧着"八百里火焰"的山——火焰山的故事吧？

对，没错。真实的火焰山就在中国新疆吐鲁番。这里，是名符其

吐鲁番火焰山风景区，来自附近村庄的一名维吾尔族妇女在看护自家的骆驼。

实的"火洲"。

火焰山是中国最热的地方，夏季最高气温高达 47.8℃，地表最高温度高达 70℃以上，沙窝里可烤熟鸡蛋。它就是《西游记》里燃烧着"八百里火焰"的火焰山。

炎夏时节，烈日当空，火焰山赤褐色的山体在烈日下照射，炽热的气流翻滚上升，似熊熊烈焰，因此被称作火焰山。

由于地壳运动地表断裂与河水切割，山腹中留下许多沟谷，主要有桃儿沟、木头沟、吐峪沟、连木沁沟、苏伯沟等。

火焰山古称赤石山，是吐鲁番最具有代表性的景点，位于吐鲁番盆地的北缘，古丝绸之路北道，呈东西走向。

火焰山，维吾尔语称"克孜勒塔格"，意为"红山"，唐人以其炎热曾名为"火山"。山长 100 多千米，最宽处达 10 千米，海拔500 米左右，主峰海拔 831.7 米。

2012年7月19日10时55分，新疆吐鲁番，火焰山风景区巨型温度计上的红色指针显示的适时温度已超过50℃。

火焰山·换天

《西游记》里，把火焰山与唐僧、孙悟空、铁扇公主、牛魔王联系在一起，使火焰山神奇色彩浓郁，成为天下奇山。游人到火焰山，还能看到唐僧路过时的拴马桩———一柱凌空的山石，至今还屹立在胜金口内；远处一片平顶的山坡，则是唐僧上马的踏脚石；拴马桩东，隔峡谷有一高峰顶着一块活像长嘴的巨石，人称八戒石；一边看着奇景，一边说起孙猴子借铁扇公主芭蕉扇扇灭火焰山烈火的故事，很是惬意。

火焰山地区的房屋，大半是半地窖式的，一半埋在地下。散热快的土坯一直是当地主要的建筑材料。

有人在这里做过实验，鸡蛋往烤热的铁皮上一打，立刻就成了"煎鸡蛋"了。

对于前来亲自体验的游客来说，这可是千载难逢的"奇妙时刻"。

惊现"长城"的燕子山

很久以前，人们在中国新疆一个叫燕子山的地方又发现了"长城"！

燕子山，又名乌赤山，位于新疆阿克苏地区乌什县城西，因山上大小石块遍布燕子形贝壳化石而得名。随手拾起一块石头，你可以看到上面密布的燕翼形纹理，而这就是海贝化石。燕子山盛名远播的并不是它的风景，而是遍布山野的远古化石。

燕子山山体不高，但山势险峻，四周峭壁如削，只有一条小道可通山顶。山腰有一座燕形贝壳化石碑，记载着燕子山久远的历史，古贝壳化石碑旁有一块巨石，上书"远迈汉唐"四字，为清代人所镌。山路蜿蜒盘旋，外围筑有护墙，酷似古长城，被称为"燕子山长城"。

在山顶往北眺望，能看到远处约2千米的汉代烽燧，当地称"班超台"。燕子山植被很少，山呈东西狭长走向，实际上是一条小山脉。有两条路可以上山，近年修筑了水泥台阶。

燕子山北脚下，是著名的"九眼泉"，由于它的存在，乌什就有了"半城山色半城泉"的说法。在乌什还有一处广受崇仰的古墓，即燕子山侧面的"七女坟"。目前这一带已被辟为"燕泉天然公园"。

据说，燕子山上无燕子，而"燕子山长城"却赫赫有名，声名远播。

新疆阿克苏燕子山

"鬼哭狼嚎"：哈密魔鬼城

你去过著名的哈密魔鬼城吗？

在魔鬼城里，每当夜幕降临时，城堡、殿堂、人物、禽兽、魔鬼，若隐若现，有时仿佛能听到鬼哭狼嚎的声音。所以，人们才称它为"魔鬼城"。

哈密魔鬼城位于哈密市五堡乡以南，距五堡乡20千米，距哈密市约100千米，由于它神秘莫测，不熟悉地形的人若遇风暴，则有迷失方向的危险。哈密雅丹地貌东起烟墩外的骆驼峰，经雅满苏铁矿、大南湖煤矿，到五堡沙尔湖十三间房，长约400千米，宽约5—10千米，在哈密属于特殊的地理环境，是经过漫长的风蚀自然形成的。

这里还真正存在着古城堡建筑、古民房遗址——艾斯克霞尔古城堡：离地面约6米的风蚀台上的长方形的土夯建筑有高约5米，前面有门有窗的居住地，传说是古丝路的驿站或是哈密王朝的西南前哨。

现在哈密魔鬼城已是国家3A级景区。哈密魔鬼城雅尔丹地貌生态园，以艾斯开霞尔古驿站为中心景点分东城、南城、西城、北城四大景区。东城主要景区有古城堡、神女峰、千佛山、方塔山、彩石滩。南城主要景区有金谷满仓、狮身人面像、金陵石虎、鳖盖梁、原始胡杨林。西城主要景区有天门洞、比翼双飞、双塔峰、石菇滩、风神、思归、布达拉宫。北城主要景区有瀚海神龟、双头马、艾斯开霞尔古城、红柳滩。

到过哈密魔鬼城的人们，仿佛经历了一番奇妙的心理"过山车"。

哈密魔鬼城

风蚀奇景：乌尔禾魔鬼城

想见识"魔鬼"的胆子大的游客，可以选择去中国新疆的乌尔禾魔鬼城。

乌尔禾魔鬼城又称乌尔禾风城。它位于中国新疆准噶尔盆地西北边缘的佳木河下游乌尔禾矿区，东北与和布克赛尔蒙古自治县接壤，西与托里县交接，西南与白碱滩区毗邻，距克拉玛依市100千米。这

穿透乌云的霞光——摄于乌尔禾魔鬼城

光歌雪舞——摄于乌尔禾魔鬼城

里有一处独特的风蚀地貌，形状怪异，当地蒙古人将此城称为"苏鲁木哈克"，哈萨克人称为"沙依坦克尔西"，意为魔鬼城。

乌尔禾魔鬼城是一处风蚀地貌景区。这里地面是松软的沙土，又正值风口，沙土被猛烈的风冲刷卷走，地面被侵蚀成无数深浅不一的沟壑以及直立的土石层形成的土岗。

岗丘形态如城堡、宫廷、陋居，也有如酒肆，或墓地，风穿行其中发生猛烈的怪声，故而称其为魔鬼城。

将军戈壁"四大奇迹"之一：奇台魔鬼城

有个神秘的地方，时常能够听见魔鬼的吼叫！

如果你想亲临现场感受一番，那就来新疆吧！去新疆奇台魔鬼城。

奇台魔鬼城是在将军戈壁深处隐藏着的一座神秘莫测的古老城廓，是将军戈壁"四大奇迹"之一，面积约80平方千米。每当夜间风起时，城内就会发出阴森可怕的声音，听起来似魔鬼的尖叫声，因此，人们称此地为魔鬼城。

奇台魔鬼城内有许多维妙维肖的岩石造型，或似人物，或似动物，

奇台魔鬼城

或似房屋楼宇，栩栩如生。在地质学上，魔鬼城被称为风蚀地貌或雅丹地貌。这种地貌是由三叠系的各色沉积岩、侏罗系的各色觉积岩和白垩系的各色沉积岩组成的，经过雨水的冲刷和风力的切割，天长日久就形成了这样千奇百怪的自然景观。

奇台"魔鬼城"方圆约10平方千米，地面海拔350米左右。大约1亿年前的白垩纪时，这里是一个巨大的淡水湖，湖岸生长着茂密的植物，后来经过两次大的地壳变动，湖泊变成了间夹着砂岩和泥板的陆地瀚海，地质学上称它为"戈壁台地"。

由于风雨剥蚀，地面形成深浅不一的沟壑，裸露的石层被狂风雕琢得奇形怪状，每当大风袭来，便在风城里形成凄厉的叫声，鬼哭一般。

"嗷……嗷……"你说可怕不可怕呢？

一幅大自然的杰作：五彩湾

五彩湾是一幅壮丽的大地之画。

五彩湾位于中国新疆昌吉回族自治州吉木萨尔县城北，乌鲁木齐西北35千米处，地处准噶尔盆地东南部广大的沙漠地带，是一片茫茫戈壁荒漠中罕见的五彩缤纷的世界，素来以怪异、神秘、壮观而著称，充满了奇丽的色彩。

五彩湾在地质史上是个古湖盆地，由于气候冷热干湿的周期性变化和地壳运动的震荡变化，这里沉积了各种鲜艳的湖相岩层，逐渐形成了五彩湾的天下奇观，它也是大自然淋漓尽致的体现。千百年来，由于地壳运动，在这里形成极厚的煤层，后几经沧桑，覆盖地表的沙石被风雨剥蚀，使煤层暴露，在雷电和阳光的作用下，裸露在外的煤层发生剧烈的燃烧，燃烧殆尽之后，再经过亿万年的风蚀雨剥，就形成了现在光怪陆离的自然景观。

五彩湾在远古时代是烟波浩淼的湖泊，山壁的层状沉积大约形成于 4 亿年前，属陆地的湖向沉积。地貌变迁后，经过长期的风化剥蚀以及雨水冲刷，形成一座座外形奇特的雅丹地貌。这里的岩体有朱红、紫红、灰绿、橙黄、土黄等各种色调。

多彩的山壁，是由于含不同成分的矿物质而形成的，其中山壁的主色调暗红色是因为山壁中含有丰富的硫铁质，而绿色和黑色的沉积层，则是泥沙和生物的叠积。这一带地貌起伏，如城郭，形似古堡，因而这里又被称为"五彩城"。

五彩湾中的火烧山是比较独特的景观之一，它的山体并非是暗红色，只有山体上铺着的碎石是暗红色；这里的石头也并非是自然沉积形成的，而是因为地下煤层的自燃烧红的。这种山体色彩的形成方式，

只有在新疆的少数几个地方才能见到。五彩湾不但有多彩的雅丹地貌，还是恐龙化石很密集的地方。

五彩湾在一天中的景色各不相同，随着阳光的变化而改变。

有人说，置身于五彩湾，令人感觉像是走进了一幅画，一幅由大自然亲手调色执笔的抽象派艺术杰作。

五彩湾的一大特色就是古海温泉了，这是中国唯一一处地处沙漠的温泉。这一温泉的发现，给当地牧民的生活带来了新的内容，一年四季，他们常常结伴来到这里，享用这"可以治病的水"，并赋予这座温泉祈福消灾的意义。

五彩湾还是一座天然宝库，储藏着丰富的石油资源和大量的黄金、

五彩城

玛瑙、石英、铁、铝、锌等 20 多种矿产。

旅游者，往往关注的是五彩湾的表层奇景，人们纷纷举起相机，将五彩湾千奇百怪的五彩地貌收进相机，留作纪念。

更多的人，惊叹大自然的画笔，是那么地神奇而又不可思议。

白石头："天外来客"？

中国西部新疆的哈密地区，有个神奇的地方叫白石头。

白石头位于东部天山主峰喀尔里克雪山北麓，口门子东约 2 千米处，距哈密市约 70 千米。

在碧绿的草场和茂密的松林间，独独有一卧牛般大小的白色巨石，加上这里风景奇异，因此把这个地方取名叫白石头。

有人说它是"天外来客"（陨石）。

白石头风景区不仅以其得天独厚的高山草原展现出富有地域特色的自然景观，而且有它悠久的历史和美丽的神话传说，三者结合使优美的自然景色蒙上了一层神秘的色彩，极富魅力。

白石头风景区由寒气沟、松树塘、鸣沙山、白石头、天山庙五个游览区组成，方圆 100 平方千米。因此，在白石头可同时观赏雪山、流水、森林、草地，四季的景色变化无穷，气候宜人。白石头风景区里有大草原、松林里，是避暑消夏胜地。

白石头风景区还分布着许多古寺庙和古文化的遗址。古寺庙的遗址有天山庙（关帝庙），古文化遗存有天山唐碑，位于天山庙东三十余步。大型冶炼遗址与天山唐碑相映照，"饱千秋冰雪，此中有汉石唐碑"。

距白石头 10 千米的柳条河岸处，千顷碧波的草原上，有著名的哈密鸣沙山，是目前中国仅有的四座鸣沙山中最完美、鸣声最佳、传有优美传奇神话的鸣沙山。

天山天池西王母祖庙

当地人传说，白石头在古代就有了，是从火星上落下来的，古时候上面还有模糊的火星文字。经过上千年的风吹雨淋、积雪侵蚀，本来就模糊的火星文字竟再也辨别不清，渐渐模糊了痕迹……

惊险横生：库都鲁克大峡谷

大峡谷是一首长诗，在我的眼里熠熠生辉。

温宿县库都鲁克神奇大峡谷的地质地貌，在世界地质史上都是罕见的，有"活的地质史教科书"之称。

据说这里曾是通往南北天山古代驿路木扎特古道的必经之地，当地名字叫"库都鲁克大峡谷"，在维吾尔语里有"神秘惊险"之意，也有人说是"空旷"的意思。

峡谷内那林立的群峰，那迷宫似的纵横的沟谷，不由得让人发出一声声惊叹。

　　有些群峰山峦恰如堡垒、宫殿、亭台、楼阁，有些似人物、飞禽、走兽。有些沟谷如奔腾的小溪，有些却似凝固的河流。

　　我们还发现了新鲜的野兽蹄印。好在是大白天，野兽很少在有人活动的时候在峡谷内出没。这也足够惊险，足够刺激了。

　　峡谷内，群峰或相互挟持，或你推我让，这使跋涉在大峡谷谷底的我们头顶上的天气瞬息万变。天空时而一片，时而一线；时而晴朗，时而灰暗。

　　有时头顶之上就是断崖巨石残壁，仿佛随时都有可能坠落，个别狭窄之处，我们甚至都不敢大声说话，生怕惊动了那些沉睡千百年的精灵。

库都鲁克大峡谷

峡谷两侧由于日蚀风刮，雨水冲刷，形成了无数令人眼前一亮的山体造型。

两位年轻的导游小姐分别给我们介绍、指认峡谷两侧的一线云天、二意柱、三心石、情俑、英雄谷、望心门、幽情谷、双塔谷、紫澜山、万僧朝圣、千年古堡、太空来客、驿路城池、双塔争锋、千古壁画、星河飞瀑、巨轮飞渡、千屋万塔、赤柱坡、赤砂墩等 100 多处神奇景观。

很多神奇景观都非常有意思。例如太空来客，它位于大峡谷千山雄风景观区，远远望去，山尖上有一座人形的石像永恒站立着，很像从太空飞船中走出来的外星人；再例如胡杨双雄，在峡谷谷口，有两棵树龄 300 多岁的野生胡杨树，整个大峡谷中只发现了这两棵树木，故名胡杨双雄。

有点美不胜收了。

在返回的路上，我没有再左顾右盼，我默默无语，已开始了回味。

最令我难忘的是情俑。情俑位于大峡谷一个谷口，山坡顶上，大自然雕刻了两座人形石柱，石柱相互偎依，男左女右。在我看来，这就像一对恋人"执手相看泪眼，竟无语凝噎"，他们是在向对方默默传递自己的衷情。

"天然矿物陈列馆"：可可托海国家地质公园

新疆可可托海国家地质公园被誉为"天然矿物陈列馆"。

可可托海国家地质公园是中国第一个以典型矿床和矿山遗址为主体景观的国家地质公园，加上独特的阿尔泰山花岗岩地貌景观和富蕴大地震遗迹，使它具有了丰富多样的科学内涵和美学意义，这些地质遗产具有世界罕见的珍稀价值，构成了新疆环准噶尔神秘旅游线上一道耀眼的风景线。

可可托海国家地质公园面积 619 平方千米，其中可可托海主景区

可可托海国家地质公园

562.5 平方千米，卡拉先格尔景区 56.5 平方千米。可可托海花岗伟晶岩稀有金属矿床、富蕴断裂带地震遗迹和额尔齐斯河花岗岩地貌等构成公园的三大主要地质遗迹类型。

园内的三号矿为世界级的花岗伟晶岩矿床，发现矿物 84 种，被誉为天然矿物博物馆，与世界上同类矿脉相比，三号矿脉中的铍资源储量居世界第一。

可可托海风景区地处新疆东北部的富蕴县境内，面积 788 平方千米，由世界地震博物馆之称的卡拉先格尔地震断裂带、北国江南之誉的可可苏里、中国第二寒极伊雷木湖及著名的额尔齐斯大峡谷四大景区组成。

由于特殊的地质构造、风雨侵蚀和流水切割，可可托海形成许多深沟峡谷，成为集山景、水景、草原、奇石、温泉等奇观于一体的自然景观区。

这里不仅是新疆的"冷极"，也是中国少有的"宝石之乡"，还是世所罕见的"天然矿物陈列馆"。

可可托海国家地质公园有世界著名的"三号"矿脉，被世界公认为稀有金属"大然陈列馆"，有钽、铌、铍等86种矿产品，可可托海国家地质公园还盛产海蓝、碧玺、石榴石、芙蓉石、玉石、水晶等多种宝玉石。

据说，除了大批慕名而来的游客欣赏美丽的自然风光外，很多玩各种宝玉石的玩家，也常去可可托海国家地质公园游逛，说不定能碰上一件稀世宝贝呢。

惊世发现：天山神秘大峡谷

你听说过天山神秘大峡谷吗？那可是一个惊世发现！

据媒体报道，1999年，人们在天山深处偶然发现了一个震惊世界的大峡谷，这个举世瞩目的大峡谷位于中国新疆库车县境内，在库车县县城以北64千米。

库车县处于古丝绸之路黄金旅游线上的古龟兹国中心地带。人们把这个震惊世界的大峡谷命名为天山神秘大峡谷。

天山神秘大峡谷，被天山南麓群山环抱，集天山奇景于一峡谷，似乎蕴含着万古之灵气，融神、奇、险、雄、古、幽为一体。峡谷的绝妙之处，常常令一般游客难以言表。

因传说大峡谷常有神秘莫测之奇景，越发吸引着大批探险者络绎不绝地前往。

人们用"一颗璀璨的明珠"来描述天山神秘大峡谷。

2002年被定为国家AA级旅游名胜风景区。

天山神秘大峡谷一旦被世界认识，就游人如织。

很多人，包括世界各地的旅游爱好者、探险家纷纷前来，非要对天山神秘大峡谷一探究竟不可。

天山神秘大峡谷近似呈南北弧形走向，开口处稍弯向东南，末端微向东北弯曲，由主谷和七条支谷组成，全长5000多米，谷端至谷口处自然落差200米以上，谷底最宽53米，最窄处0.4米，仅容一人低头弯躯侧身通过。

天山神秘大峡谷（库车境内）

距谷口 1400 米深处，高约 35 米的崖壁上，有一始建于盛唐时期壁画丹青的千佛洞遗址，就文字记载和绘画艺术而言，在古西域地区至今已发现的 300 多座佛教石窟中绝无仅有。

峡谷区域平均海拔 1600 米，最高山峰 2048 米。组成峡谷的奇峰群山由赭色的泥质沙岩构成，当地维吾尔语叫做"克孜利亚"，即红色的山崖。

更惊奇的是石窟。

秘洞秘窟隐千佛。1999 年秋，当地一位维吾尔族青年毛吐地，在上山采草药时无意间摸进大峡谷，当他登上洞窟右侧的半山腰时，突然骤降大雨，他为暂避阵雨，竟发现这是一个从未听闻过的千佛洞。当时，洞口堆积了不少泥土，显然是被封闭了多年。由于此地属库车县阿艾乡所辖，故今命名为阿艾石窟。该石窟始建于公元 8 世纪距今1300 多年前的盛唐中期，南北长 4.6 米，宽 3.5 米，面积为 16 平方米。石窟内除正壁中堂式壁画泥土点滴残缺外，左右侧佛像壁画面"十六观"均保存完好。在整个壁画条幅中，共有汉文墨书榜题及龟兹文题记 23 处，详细书写着某佛供养人的姓名，如申令光、李光晖、寇俊男、寇庭俊及彭、梁、赵等中原汉人姓氏，充分体现出汉文与龟兹文的早期融合。

3200年的守望："胡杨王"之恋

实在没有意料到，当我们来到轮台胡杨林公园时，居然坐上了火车！

原来，是胡杨林公园为了让游客饱览塔克拉玛干大沙漠腹地"波澜壮阔"的原始胡杨林奇景，专门铺建了铁轨，购置了小火车。乘火车在塔克拉玛干大沙漠腹地中欣赏原始森林、沙漠中的湖和不时出现的野猪、黄羊、狐狸、野兔、马鹿、白鹤，似乎只有浪漫的诗人能够想得出，然而，胡杨林公园的设计师们不但想得出，而且付诸了实施。人们叹为观止！绝！妙！

轮台胡杨林公园是塔里木河流域里的天然杰作。

我们与这里最老的一棵胡杨树——已 3200 岁的"胡杨王"相逢了。这棵巨型"胡杨王"有高耸入云之气势，躯干极其雄壮，三五个人手牵手都不能合围。

枯垒胡杨本

作为一个青年诗人，我禁不住激动起来，当场"口占"一首小诗献给"胡杨王"：

我 3200 年
把塔里木河水
望断

只为此刻
你的出现……

这里两千年以上的胡杨比比皆是。有夫妻树，两株胡杨紧紧拥抱，千年相守；有群英会，多株千年胡杨围拢成圆，像在探讨交流彼此的思想感情。

世界上有 100 多个国家和地区有森林公园 1200 家，而沙漠胡杨林公园仅此一家。这片原始胡杨林是"中国最美的十大森林"之一。胡杨是一种被称为"活化石"的古老树种，已有 6500 万年的生长史。它是沙漠环境中唯一能不断繁衍的巨型乔木。

胡杨林公园浩瀚数十平方千米，除了大片原始胡杨，林海里还有梭梭、红柳、白杨、榆树等，还有小片沙漠，还有湖，仙境深幽，不乘火车是很难领略其全貌的。

一路火车，或行或停，沙漠伴随森林，森林伴随湖泊，湖泊伴随沙漠。森林里野兽出没，湖泊中鱼沉水底，湖面上白鹤往来，天鹅嬉戏。

这一切，令我陶醉，且醉得厉害，我禁不住又要写诗了。此情此景，一个多愁善感的人，一个云游客，一个探险者，想不成为诗人都难！

"天下最后一关"：铁门关

曾有研究丝路文明史的外国学者问我："中国最险要的关隘是哪个？"我几乎不用多想，就答道："当然是中国新疆库尔勒的铁门关！"

一个民族的伤痛疤痕在那里愈合，一个民族的尊严和骄傲在那里延伸。

铁门关是丝绸之路上最险要的关隘、咽喉，是中国古代二十六名关里地势位置最险峻、战略价值最重要、控制力最强悍的雄关。

当年西汉张骞、唐玄奘、清朝虎门销烟英雄林则徐都穿越过铁门关。前凉张植在铁门关大败焉耆王。《汉书·地理志》里也说："自焉耆西五十里，过铁门关。"

关旁绝壁上，古人用苍劲的笔力书刻"襟山带河"四个大字，特别醒目。用"襟山带河"这四个字概括铁门关位置的重要，恰如其分，名副其实，真是绝了。

关注铁门关，我惊讶地发现，关于铁门关的诗文浩如烟海。近代学者谢彬路过铁门关后写过这样的笔记："两山夹峙，一线中通，路倚奇石，侧临深涧，水流澎湃，日夜有声，弯环曲折，幽邃险阻，时有大风，行者心戒，有一夫当关之势。"这是他《新疆游记》中最精彩的部分。

铁门关所在的峡谷在《水经注》里被统称为"铁门关"，人们又称它"遮留谷"。

铁门关千百年以来就是兵家必争之地，直到现在，隐蔽在制高点处的古代屯兵戍堡的遗址还依稀可见。

铁门关是厚重的。驻足铁门关，我仿佛能够感觉到西域的灵魂在铁门关周围游荡，仿佛还能够听见那美妙悠远的丝路驼铃……

铁门关号称"天下最后一关"，坐落在中国新疆库尔勒市与塔什店之间的深山峡谷间，扼守孔雀河上游十几公里的峻峭山谷的出口。

库尔勒铁门关

　　从古代至 20 世纪五六十年代,铁门关是贯通天山南北、新疆南北的唯一道路,历来是政治家、军事家、战略家重点关注的具有战略意义的要地。

　　天山有很多神秘的大峡谷,不过,如果在天山峡谷中开凿铁门关这样地势险要的"襟山带河"的"一夫当关,万夫莫开"的雄关,那似乎是天方夜谭。只有人自然有这种伟大的力量。

　　据地质学家考证分析,铁门关是古开都河塑造的。原来,在大约2 亿年前,焉耆盆地和博斯腾湖还没有形成,开都河流量惊人,它在涌出山口之后，从焉耆狂冲而下，洪流带着狂野的巨浪，冲开库尔勒与塔什店之间的矮山丘陵，洗刷、塑造出一条险峻的峡谷。

地壳变动，焉耆盆地形成，开都河流向改变。而盆地的低洼处积水形成博斯腾湖。博斯腾湖又往西漫流，形成孔雀河。铁门关峡谷就成为孔雀河的通道。

千百年来，多少战将士兵在这里凭借天险"一夫当关，万夫莫开"，以一当万地扼守"铁门"，使对手即使付出惨重代价也未必能够得手破关。

此关汉晋时代设立，天下人皆知此关极其险固，故称其"铁门关"，一直延续至今。

我有缘多次领略它的风采，使我圆了自己对于唐代著名边塞诗人岑参的那首《题铁门关楼》诗里的意境产生的好奇的梦。特别难忘的是我和友人顶着严寒，冒着大雪再访"天下最后一关"铁门关的情景。

那年冬天，专程拜访铁门关。

汽车在蜿蜒的孔雀河畔深山峡谷间不知道拐了多少个弯，只见山势越来越陡峭，险峰绵延，道路一侧紧挨着险峻的山谷，另一侧是深涧河床，冬季没水，但坐在不断拐弯的车里，这些也足以令人惊骇不已。

我不由得想起《明史·西域传》里描绘的铁门关之路的艰险："有石峡，两岸如斧削，其口有门，色如铁，人号为铁门关。"

在这样险峻的地方设关，我暗暗点头钦佩古人的智慧。不要说在这里修建一座巍峨的雄关紧紧锁住峡谷咽喉，就算是在任何一个拐弯处的制高点上埋伏十个弓箭手或者架一挺机关枪，保准射杀任何胆敢冒进的对手，并会使任何对手心惊胆寒。即使大吼一声，也能够使敌方闻风丧胆。

铁门关峡谷两侧的山峰海拔在800—1300米之间，峡谷最窄处仅50米，岩壁陡峭，大多路段仅容一车通过。游人走在峡谷间，抬头一线天。设关在此，任你插翅难飞。春夏秋季谷底的孔雀河水汹涌湍

急，恰似深渊，令人不寒而栗。

在路的右边的一个山峰上，我们瞧见了铁门关著名的公主坟。

在世人的心目中，总是把铁门关同著名的公主坟联系在一起。因为公主坟象征着永恒的爱情。

这是铁门关上最动人最凄凉的爱情传奇。

传说在古代的焉耆国，有一位闭月羞花之容、沉鱼落雁之貌的美丽公主，名字叫卓赫拉，芳龄十八，艳若桃花，许多王公贵族的公子哥儿都对她爱慕垂涎，争相千方百计讨好她，梦想做国王的女婿。而美丽的卓赫拉公主偏偏喜欢上了焉耆国的一个牧羊青年。那牧羊青年名字叫塔依尔，他长得英俊朴实，相貌堂堂。塔依尔性格非常勇敢，他也恋上了美丽的卓赫拉公主。

很快，卓赫拉和塔依尔双双坠入爱河。

但他们没有意料到，一个巨大的阴影正笼罩着他们。

焉耆国当时的丞相叫卡热汗，此人是个心肠狠毒的人。他也想同国王攀亲，让自己的儿子能够娶上公主。为此，他费尽了心机。然而，卓赫拉和塔依尔的相恋，打碎了丞相卡热汗的如意算盘。于是，他蓄意栽赃陷害牧羊青年塔依尔，并怂恿国王下令把塔依尔投入监牢。

丞相卡热汗还想害死塔依尔。卓赫拉公主知道塔依尔的关押地点后，千方百计设法营救自己的恋人，在一个刮大风的黑夜，公主勇敢地解救出塔依尔。卓赫拉公主决定与塔依尔出走，到能够自由生活的地方。

塔依尔骑上卓赫拉公主专门为他准备的骏马，卓赫拉公主紧紧搂着塔依尔的腰，扬鞭出走。一对有情人乘着骏马，像风一样，向着铁门关飞奔。

丞相卡热汗派手下鹰犬拼命追赶。

夜是那么黑，风是那么大，前方是蜿蜒曲折的险路，两旁是深沟悬崖，后面是如狼似虎的追兵。塔依尔和卓赫拉公主为自由为爱情献出了自己年轻的生命。

风吼起来了。铁门关为之哭泣，孔雀河为之呜咽。库鲁克山与霍拉山为之动容。

这段轰轰热热的爱情，为后人留下了一段千古绝唱。

人们被卓赫拉公主与塔依尔忠贞不移、肝胆相照、生死相随的伟大爱情震撼了，感动了，就在铁门关对面的公主岭上修建了一座坟，将塔依尔与卓赫拉合葬在一起。

卓赫拉和塔依尔为爱殉身的传奇故事，千百年来传遍了中国新疆和中亚地区。铁门关与最动人最凄凉的爱情传奇就牢牢地印在了人民的脑海里。

铁门关的深邃里，又蒙上了一层浓厚的爱情色彩。

岑参不愧是大手笔。他笔下的铁门关使人惊心动魄："铁关天西崖，极目少行客；关门一小吏，终日对石壁。桥跨千仞危，路盘两崖窄；试登西楼望，一望头欲白。"

他在苍茫的暮色中，登上铁门关西楼向着"桥跨千仞危，路盘两崖窄"的来路眺望，路上几乎看不到一个人影，向着远方和故乡眺望，望着望着，感觉自己的头发都要望白了。

岑参是唐朝的大诗人，自然有着唐朝大诗人特有的自信、深沉的气派。他的步伐是豪迈无畏的，目光是深远的，感觉是极至的。

巴里坤、木垒鸣沙山

新疆的鸣沙山比较多，最有名气的当属巴里坤鸣沙山和木垒鸣沙山。

巴里坤鸣沙山位于新疆巴里坤哈萨克自治县境内，西距县城60千米，高约百米，沙丘陡峭，其下有水泉，左右两侧还有河流通过，四周全被草场所包围。

据说巴里坤鸣沙山是唐代女将樊梨花西征遇难的地方，现在听到的沙鸣，就是女兵们当时擂鼓助阵和冲杀鼓掌之声。

木垒鸣沙山位于新疆昌吉回族自治州木垒县哈依纳尔北 5 公里处，当地哈萨克人称其为"阿依艾库木"，意为"有声音的沙漠"。其山雄踞沙海，平地而起，共有 5 座赭红色的沙丘，其中最大的一座

约 500 米，垂直高度过 100 米，呈现西南至东北走向。

时有号角声从内发出，时而万马奔腾，时而呜咽哭泣，时而风雨雷声。

鸣沙山下不远处，有一泉，千百年来却没有被沙漠吞噬，可谓奇迹了。

鸣沙山

江布拉克：天山怪坡的诡异

世间有很多奇异的怪事，当你走到新疆江布拉克景区，你一定会被江布拉克天山怪坡的诡异所迷住，所吸引。

江布拉克景区，位于中国新疆奇台县半截沟镇南部山区，距县城60多千米。整个景区以奇台县南山为中心，横跨吉木萨尔、奇台县、木垒县。

奇台县属中温带大陆性半荒漠干旱性气候。江布拉克冬暖夏凉，年平均气温 5.5℃。极端最高气温 39℃，极端最低气温 −37.3℃。

江布拉克是哈萨克语，意为圣水之源。

万亩麦田、怪坡、怪石圈、响坡、仙人洞、五哥泉以及夫妻松等吸引着大批游客，而雪峰、高原、群山、林海、山泉、湖泊、草地、鲜花、牛羊、毡房等则保持了原始的自然生态和独特的高山草原风光，使游人仿佛置身于世外桃源和人间仙境。

每年的 6、7 月份是江布拉克风光最美的季节，野花遍地，绿草茸茸，凉风习习。

江布拉克景区里，最值得亲身体验的，是天山怪坡的诡异。

天山怪坡，怪就怪在，你站在怪坡下，会发现，这里的水是往"高处"流的。如果你骑车或开车来到怪坡，你下坡时需要使劲蹬车或加大油门，而上坡时，一定要狠踩刹车。

我亲眼看见，将一个皮球放于怪坡下，皮球会自动往上坡滚去；将皮球放于怪坡上，皮球却不会自动往下坡滚。

你说奇怪不奇怪？难怪江布拉克景区的天山怪坡名气那么大。

其实，那是一种视觉错觉现象。但是，每个人的现场感受的确是那样的。就冲这天山怪坡，就吸引了不少游客呢！

大自然天堂

罗布泊：野骆驼的天堂

野骆驼是一种珍稀的野生动物。你恐怕没见过吧！

在中国西部，有个地方是野骆驼的天堂。这个地方，就是神秘的罗布泊。

罗布泊野骆驼国家级自然保护区是以保护世界极度濒危、中国一级保护物种野双峰驼及罗布泊地区生态系统为主要对象的荒漠类自然保护区。

罗布泊野骆驼国家级自然保护区是中国最大的荒漠类型自然保护区，位于新疆东南部，地跨巴音郭楞蒙古自治州、哈密地区和吐鲁番地区，总面积 780 万公顷。

野骆驼保护区始建于 1983 年，前身为阿尔金山野骆驼自然保护区，面积 150 万公顷。2000 年经新疆维吾尔自治区人民政府批准，保护区更名扩界为罗布泊野骆驼自然保护区，2003 年经国务院批准，保护区升格为国家级自然保护区。

野骆驼保护区景观复杂多样，为野生动植物提供了多样的生存条件，区内既有戈壁荒原的典型成分和特点，又有荒漠地区的一些代表类型，同时还具有该区特有的一些类型。保护区现已查明有脊椎动物 261 种，高等植物 118 种，中国一级保护动物 10 种、二级 43 种、三级 102 种，中国二级保护植物 1 种、三级 6 种。区内分布的野双峰驼是中国一级保护动物，被国际自然联盟保护组织列为世界极度濒危物种，在世界上仅残存 750—900 头，数量比大熊猫还少，在区内分布有 500 头左右的野双峰驼，约占世界残存野双峰驼总数的 3/5。

野骆驼保护区不仅是世界极度濒危物种野生双峰驼的主要分布区和避难所之一，也是世界上野双峰驼的模式标本产地和血统最纯的分布区，因此在世界生物多样性保护中占有极重要的地位，拥有很高的价值。此外，保护区的地理位置、生态环境与生物多样性都十分独特，

野骆驼

从区域生态环境和景观类型特征上看，罗布泊地区及其所处的塔里木盆地处于亚洲内陆干旱区的"四个中心"地带，即亚欧大陆的干旱中心、中国沙尘暴沙源活动中心、塔里木盆地积水／积盐中心、西域古代文明交汇中心，因而极具保护和研究价值，广为国内外学者专家所关注。

野骆驼是一种极其灵敏的野生动物，嗅觉非常灵敏，顺风时能够在几十里外闻到人的味道。它们的奔跑速度极快，人很难接近。

野骆驼生活在荒无人烟的荒漠区，这是否是一种环境选择呢？以避开人类的滥捕滥杀？

好在几十年来，有关部门采取了很多措施，来打击盗猎者，野骆驼得到了强有力的保护。

走进阿尔金山，与野生动物共舞

你体验过与野生动物共舞的快乐吗？

当你走进阿尔金山国家级自然保护区，你就能够与很多珍贵野生动物共舞。

阿尔金山国家级自然保护区是中国最大的自然保护区，同时也是中国四大无人区之一，也是亚洲最大的自然保护区。

阿尔金山国家级自然保护区因边远偏僻、高寒缺氧，使得保护区内保留了中国特有的珍稀野生动物。由于保护区独特的地理环境和丰富的自然资源，世界自然与自然资源保护联盟、世界野生生物基金会联合考察后在报告序言中称，这里是"世界上少有的生物地理区之一，是不可多得的高原物种基因库"。

阿尔金山保护区在 1983 年建立的当年，即被收录到《大英百科全书》名录中，并被中国列入《中国生物多样性保护行动计划》优先保护名录。

阿尔金山国家级自然保护区位于新疆的东南隅，地处新疆、青海、西藏、甘肃四省交界处，东西长 360 千米，南北宽 190 千米，总面积

阿尔金山保护区的藏野驴

阿尔金山下的野牦牛

体型最大的野羊——盘羊，看它那威武的双角。

45000平方千米，平均海拔4500米，1985年3月经国务院批准，将它列为国家级自然保护区。该保护区的建立对保护青藏高原生态系统及高原特有的动植物有重要作用，在世界生物多样性保护中有重大意义。

1995年，通过综合考察，发现保护区内脊椎动物种爬行类有1种、鸟类39种、兽类25种、高等植物27科96属241种以上，估算高原动物特有种野牦牛有2500头，藏野驴20000头，藏羚羊40000只左右。在保护区内可见到成百只的岩羊群，上千头的野驴群及藏羚羊群，三百多头的野牦牛群，还有成千上万的棕头鸥等水鸟群。

在野外考察中，常常会遇到野驴群与考察车队赛跑的奇景，在一天之内，就可以看到多种野生动物以及食草动物庞大的群体。该保护区是我一生中在国内看到野生动物种类最多、数量最大、也最容易看到各种野生动物的地方。

阿尔金山自然保护区以昆仑山为界，南部与青海的可可西里自然保护区和西藏的羌塘自然保护区紧邻。这里分布的国家一级保护动物除野牦牛、藏野驴和藏羚羊外，还有雪豹、北山羊、黑颈鹤、胡兀鹫、玉带海雕及金雕；二级保护动物有马熊、石貂、猞猁、豺、兔狲、盘羊、岩羊、藏原羚、秃鹫、兀鹫、藏雪鸡、猎隼、红隼、棕尾鵟等二十余种。

巴州阿尔金山保护区管理局提供的数据显示，2006 年，藏羚羊数量 3.7 万多头，比 1995 年的 1.7 万头增加了 2 万余头；野牦牛数量 5800 多头，比 1995 年的 3200 余头增加了 2600 多头；藏野驴数量近 3.9 万多头，比 1995 年的 1.7 万余头增加了 2.2 万余头。

由于保护区内的降水充沛、植被恢复良好、水草丰茂，也致使各类野生动物分布显现相对集中，表现出密度大、种群大、数量多的态势。

传说，阿尔金山里有"大脚怪""野人"，但是也只是传说，尚未被科学家证实。

艾比湖湿地：鸟类天堂

湿地是一个地方的肺，帮助这个地方调节气候、净化环境，同时，促进各类生物的生存与繁衍。

艾比湖湿地国家级自然保护区是鸟类的天堂。艾比湖海拔 189 米，是准噶尔盆地的最低点。

新疆艾比湖湿地国家级自然保护区范围地跨新疆博州精河县、博乐市和阿拉山口口岸区，东西长 102.63 千米，南北宽 72.3 千米。保护区总面积 400.62 万亩，其中，水域面积 131.36 万亩；林地面积 234.11 万亩；草地面积 9.83 万亩。规划保护区核心区面积 158.2 万亩。

白鹭在艾比湖湿地飞翔

成群的野鸭在艾比湖湿地飞翔

艾比湖湿地国家级自然保护区内野生动物约167种，其中鸟类111种，约100万只，是鸟类重要的栖息繁殖迁徙湿地。

每年鸟类繁殖和迁飞的季节，艾比湖聚集的天鹅、大雁、野鸭等水鸟多达几十万只。

当几十万只鸟类飞行在辽阔的天空时，那是何等的壮观啊！

卡拉麦里：蒙古野驴的家园

蒙古野驴世所罕见，在中国西部，有它们的广袤家园，那就是卡拉麦里自然保护区。这里，是蒙古野驴自由自在生活的天堂。

卡拉麦里自然保护区，位于新疆准噶尔盆地古尔班通古特大沙漠

的东缘、乌伦古河以南、北塔山的西部、将军戈壁以北的卡拉麦里，在奇台、吉木萨尔、阜康、富蕴、青河、福海六县境内，主要保护珍稀动物资源及其生态环境。由新疆维吾尔自治区人民政府于1982年批文建立，2005年，升级为国家级自然保护区。总面积1.7万平方千米，相当于17个香港。

卡拉麦里自然保护区在中国第二大沙漠古尔通班古特沙漠的核心区域。216国道纵穿卡拉麦里保护区，两旁围有铁丝网，以防止人类贸然潜入。进入保护区，必须经过管理部门的许可。

卡拉麦里山位于保护区中部，呈东西向延伸，长90千米，宽20—40千米，高差300米左右。其它地区为温带荒漠戈壁。

卡拉麦里自然保护区东部属砾石戈壁，中部属卡拉麦里山，西部属沙漠。卡拉麦里一般海拔高度1000米，相对高差不足500米。北面为低山丘陵，坡度较缓，相对高差仅几十米。山岭以南为将军戈壁，个别地段形成沙丘。保护区西部沙漠是古尔班通古特沙漠的一部分，有6条大的中速流动沙垄和大面积的格状沙丘链。山地丘陵、风蚀台原与沙漠的交界处形成大的泥漠，俗称"黄泥滩"。年均温度2.38℃，

卡拉麦里的野马，在水源地饮水后悠闲地穿越216国道，汽车减速行驶。

鹅喉羚在施展它高超的奔跑技能

年平均降水量 159.1 毫米，而蒸发量高达 2090.4 毫米，气候干旱。

保护区保护对象主要是野马、野驴、盘羊、鹅喉羚、野山羊、狍鹿、马鹿等有蹄类野生动物。保护区提供了野生动物赖以生存的自然环境，如沙漠植物胡杨、沙拐枣、梭梭、铃铛刺、红柳和野蔷薇等。

山群南部及西南部，梭梭、白梭梭荒漠占有较大比重，梭梭、白梭梭是国家三级保护植物。西部半固定沙丘上为禾草——短叶假木贼草原化沙漠，并有少量琵琶柴分布。禾草类主要有针茅、沙生针茅、三芒草、驼绒藜、沙蒿等。在固定沙丘上，优若藜、小蒿荒漠是重要的植被。

卡拉麦里自然保护区的兽类有蒙古野驴、盘羊、哦喉羚、草原斑猫、赤狐、沙狐、艾鼬、草兔和多种啮齿类。鸟类有金雕、玉带海雕、苍鹰、大鸨、小鸨等。爬行类有荒漠麻蜥等。

国家一级保护动物有：蒙古野驴、金雕、玉带海雕、大鸨、小鸨等，二级有：草原斑猫、盘羊、鬣羚、苍鹰、纵纹腹小鸮等。已绝灭

的动物有野马、高鼻羚羊。

卡拉麦里自然保护区真是野生动物天堂。能在这里见到蒙古野驴，是很多旅游者、探险家、摄影家、动物保护者梦寐以求的奢望。大家都想目睹那惊鸿一瞥的瞬间。

巴音布鲁克：天鹅的故乡

中国西部有个地方，每年都招来成千上万只美丽的天鹅来此生活，这个地方就是被誉为"天鹅的故乡"的巴音布鲁克自然保护区。

巴音布鲁克自然保护区位于中国新疆和静县境内，距库尔勒市636 千米，天山山脉中段的尤尔都斯盆地。1980 年经新疆自治区人民政府批准建立，1988 年晋升为国家级，是中国唯一的天鹅自然保护区。以保护湿地与山地草原生态系统和天鹅等珍禽为主要目的。总面积 100000 公顷。保护区为山间陷落盆地，是海拔 4800 米高的山峰包围的尤尔都斯盆地中的一片小型淡水湖泊、河流和沼泽地，属高山沼泽草原。

在保护区的中心地带，有一座东西长 30 千米，南北宽 10 千米的高山湖泊，这就是巴音布鲁克天鹅湖。高山上的冰雪溶水和地下涌泉在这里汇集，融化成溪流，蜿蜒注入盆地，在沼泽地上形成许多大大小小的湖泊。这里海拔 2500 米，没有明显的四季，每年 6—8 月是暖季，平均气温在 8—10℃，最热时达 20℃ 左右。天鹅湖水草肥美，为各种水禽候鸟的栖息提供了良好的生活环境。

巴音布鲁克自然保护区沼泽地带有 160 多种植物。苔草、毛茛、水毛茛、狸藻、杉叶藻、光叶眼子菜、水葱、水麦冬等是天鹅繁殖区域的主要建群种。在开阔的山坡种冲积、洪积扇上，高寒草原发达，盆地中心分布着大面积沼泽植被。水域有多种浅水植物，但以沼泽植被为主。区内无国家级保护植物。

巴音布鲁克天鹅湖上的天鹅

巴音布鲁克自然保护区有鸟类 76 种，兽类 24 种，爬行类、两栖类 4 种。鸟类中游禽 22 种、涉禽 13 种、猛禽 13 种、鸣禽 28 种。猛禽、鸣禽多在沼泽地周围和突出的高地活动。在保护区中水禽占绝对优势，种数多，密度大。鸟类中以候鸟为主，夏候鸟有 44 种，如大天鹅、灰雁、斑头雁、绿头鸭、琵嘴鸭、灰鹤在此繁殖。留鸟只有 7 种，如小嘴乌鸦、渡鸦、角百灵、凤头百灵等。该盆地为鸟类南北迁徙的重要驿站，一些水平迁徙的旅鸟如秃鼻乌鸦、寒鸦、平脚燕针尾鸭等常形成很大的暂时停留群体。

巴音布鲁克自然保护区国家级保护动物，一级有金雕、玉带海雕、

天鹅湖

兀鹫、白尾海雕、黑鹳等。二级有大天鹅、疣鼻天鹅、灰鹤、蓑羽鹤、红隼、燕隼等。主要兽类有盘羊、石鹿、石貂、雪豹、狼、狐等。两栖类中，中国林蛙和蟾蜍分布在水草丰盛的沼泽地。爬行类只分布在旱化高地及沼泽地边缘。此外还有软体动物4种、螺3种、蚌1种、虾1种及多种昆虫，都是天鹅育雏的重要食物。

巴音布鲁克自然保护区主要保护对象是天鹅。世界上有五种天鹅，保护区有3种，即大天鹅、小天鹅、疣鼻天鹅。其中大天鹅数量最多，达1万只左右。沼泽上数不清的海子是天鹅繁殖、栖息的场所。

每年4月，当沼泽地的冰雪开始解冻时，一队队天鹅越过帕米尔高原和伊犁河谷、开都河谷进入沼泽地筑巢繁殖，以枯草和淤泥筑巢于孤州及远离水岸的深水草丛中。巢址十分隐蔽，巢径约 2 米，内铺以松软的苔藓和晒干的轮藻，每对天鹅占有一定地盘，巢间距不小于100 米。4 月中旬产卵，每窝产 7—8 枚，雌雄天鹅轮流孵化，互换觅食和警戒，孵化期 35 天左右。9 月开始集群，分批迁飞。大天鹅在保护区居留达 8 个月之久。约有 3000—5000 只大天鹅在此繁殖。

巴音布鲁克自然保护区最大的天鹅，身长 1.8 米，重 13 公斤。

巴音布鲁克的天鹅湖成为天鹅等水禽的天然乐园。

天鹅或飞舞于天，或游戏于水，真是别有一番景致。

绿色卫士：塔里木胡杨林

在中国西部，胡杨是最具代表性的古老树种之一。

塔里木胡杨国家级保护区在新疆巴音郭楞蒙古自治州尉犁、轮台两县境内，属戈壁荒漠、大陆性荒漠、半荒漠生物群落的类型。总面积 395420 公顷，核心区面积 180383 公顷，缓冲区面积 181996 公顷，实验区面积 33041 公顷。

塔里木胡杨保护区是目前世界原始胡杨林分布最集中、保存最完整、最具代表性的地区。保护区 1984 年建立，为新疆省级自然保护区，2006 年晋升为国家级自然保护区。主要保护对象为河岸胡杨林生态系统及珍稀动物资源。

塔里木盆地现保存有胡杨林 20 多万公顷，木材蓄积量大约 460多万立方米，是当今世界胡杨林的集中分布区。

保护区塔里木河湿地和以胡杨、灌木林为主的森林，是一些迁徙性鸟类繁殖地、停留地和越冬地，是进行鸟类保护和科研的良好场所，在中国的野生动物保护全局中起着不可估量的作用。

胡杨维吾尔语称托克拉克，意为"最美丽的树"。胡杨是杨柳科胡杨亚属植物，是生活在沙漠中的唯一的乔木树种，是新疆荒漠和沙

塔里木胡杨林

地上唯一能天然成林的树种，是新疆古老的珍奇树种之一。

在库车千佛洞和敦煌铁匠沟的第三纪古新世地层中部发现了胡杨的化石，算起来至少也有6500万年的历史了。《后汉书·西域传》和《水经注》都记载着塔里木盆地有胡桐（梧桐），也就是胡杨。

由于胡杨具有惊人的抗干旱、御风沙、耐盐碱的能力，能顽强地生存繁衍于沙漠之中，因而被人们赞誉为"沙漠英雄树"。人们夸赞胡杨巨大的生命力是"三个一千年"，即活着一千年不死，死后一千年不倒，倒后一千年不朽。

随着塔里木油田开发与沙漠公路的贯通，塔里木盆地形成了以沙漠公路为主轴，集古城、油田、胡杨、塔河、沙漠"五位一体"的塔里木沙漠胡杨风景旅游区。

中部的塔里木胡杨林公园，位于轮台沙漠公路79千米处东侧，面积100多平方千米，南邻胡杨林自然保护区。

胡杨，也象征着一种坚忍不拔、敢于战胜严酷自然环境的大无畏的精神。

野生动物的天堂：金胡杨国家森林公园

泽普金胡杨国家森林公园位于泽普县城西南40公里的戈壁深处，坐落在叶尔羌河冲积扇上缘，三面环水，景色宜人。泽普县是一个多民族聚居的地方，汉、维、塔吉克等19个民族使这里充满了浓郁的民族风情，民族音乐、民族舞蹈也广为流传。

泽普县历史悠久，自古以来就是古丝绸之路上的重要驿站，是南疆最富饶的城市之一。

金胡杨国家森林公园西南边缘，有棵树龄长达200年至今仍枝繁叶茂的新疆杨，被当地人世代呵护并尊为圣树。走进金胡杨森林公园，绿草如茵，犹如走进了鲜为人知的神秘世界。这里四季分明，气候怡人。春天百鸟欢歌，绿色葱笼；夏天野草飘香，花草繁茂；秋天灿烂辉煌，黄叶如染；冬天银装素裹，满目苍劲。所有这些无不令人遐思神往，乐不思返。

胡杨王位于公园东部约200米处，树高10.05米，胸径3.6米。经鉴定，该胡杨树为雄性，树龄在千年以上，印证了胡杨"生而千年不死，死而千年不倒，倒而千年不朽"的生命力。

金胡杨国家森林公园是野生动物的天堂，野兔、野鸭、雄鹰、斑

天地共舞——摄于尉犁县

鸠、锦鸡、大雁、灰鹤、白鹭、布谷、百灵，数不清的野生动物，在这里栖息。

托木尔峰自然保护区：生态旅游佳境

喜欢生态旅游的人们，都推崇托木尔峰自然保护区。因为这里的混合生态系统涵盖现代冰川、山地、荒漠、草原、森林，而且受到国家保护。这个始建于 1980 年 6 月的自然保护区，2003 年晋升为国家级自然保护区——新疆托木尔峰国家级自然保护区。

新疆托木尔峰国家级自然保护区位于新疆阿克苏地区温宿县北部。属森林生态系统类型自然保护区。保护区东西长 105 千米，南北宽 28 千米，总面积 23.76 万公顷。

托木尔峰自然保护区 1980 年建立，总面积 10 万公顷。保护对象是现代冰川、山地、荒漠、草原、森林混合生态系统。

保护区为中高山山地。托木尔峰是中国境内天山山脉的最高峰，海拔 7435.3 米，其周围 6800 米以上的高峰有 5 座，600 米以上的高峰 15 座。区内海拔 4200 米以上，终年冰雪不化。

现代冰川以托木尔峰为中心呈放射状随斜坡向下流动，西南有托木尔冰川，东南有东、西琼台兰冰川，北面有汗腾格里冰川和南伊内里切克冰川。5000 米以上，有三级隐约可见的夷平面（4500—4000 米、3500—3000 米、2500—2400 米）。河谷上游倒石堆、冲积扇十分发育；河谷下游及山麓平原上，有古冰川造成的槽谷、侧碛、溧砾和终碛堤的遗迹。南坡湿暖，使南北坡垂直带谱产生明显差异。3600 米北坡至 4200 米南坡为界，其上为永久积雪带，其下为生物繁衍生存地带。

托木尔峰保护区有高等植物 670 多种，植物垂直分布明显。国家保护植物有雪莲、黄芪等。保护区陆栖脊椎动物兽类有 31 种，鸟类有 81 种，其中留鸟 38 种，夏候鸟 43 种。国家级保护动物有雪豹、北山羊、盘羊、岩羊、马鹿、雪鸡等。

甘家湖的梭梭林：绿洲的天然屏障

甘家湖梭梭林自然保护区是世界较大的野生次生林。它地跨乌苏、精河、托里三县市。面积1040万亩，绝对保护区10万亩。乌苏市在此成立甘家湖梭梭林自然保护区管理站，面积82万亩。保护区主要保护梭梭、白梭梭及其荒漠生态环境。甘家湖梭梭林自然保护区1983年建立，2001年6月批准为国家级自然保护区。面积104000公顷，主要保护对象为梭梭林生态系统。

甘家湖梭梭林自然保护区三面环山，地下水充足，梭梭、红柳、胡杨顽强生长形成茂密的林带，林下还有铃铛刺、琵琶柴、沙拐枣、白刺、对节刺等110多种荒漠树种、野生植物，有效的抵御着阿拉山口常年肆虐的烈风，控制着克可喀斯哈300万亩流沙原地不动，维护着乌苏、精河、托里3县市边缘6个农垦团场的绿洲生态平衡。

甘家湖沙漠面积大，年均降水量为140毫米，蒸发量比降水量大14倍以上。

甘家湖梭梭林自然保护区野生植物有43科、137属、228种，以藜科、十字花科、菊科、蓼科、柽柳科、禾本科、豆科等种类多，占优势。有较高经济价值的植物有肉苁蓉、锁阳、甘草、枸杞等药用植物。

甘家湖梭梭林是保存较好的近原始状态的梭梭林。

甘家湖梭梭林自然保护区动物资源丰富：兽类有马鹿、鹅喉羚、盘羊、狐狸、狼、黄鼬、草兔、三趾跳鼠、红尾沙鼠、刺猬等；鸟类有天鹅、黑鹳、环颈雉、原鸽、百灵类等。国家保护动物的盘羊、马鹿、鹅喉羚、黑鹳、天鹅、野骆驼等。

甘家湖梭梭林自然保护区，对中国荒漠的开发利用有重要意义。梭梭是骆驼的良好饲料，又是一种很好的燃料，被喻为"荒漠活煤"。

新疆乌苏甘家湖胡杨

因此，保护梭梭物种对维持荒漠生态环境，以及发展畜牧业、林业具有重要意义。

甘家湖梭梭林自然保护区是绿洲的天然屏障，也是中国"三北"防护林体系建设工程的重要组成部分。甘家湖梭梭林自然保护区自然景观保存完好，成为名符其实的世界较大的野生次生林。

科桑溶洞国家森林公园

特克斯科桑溶洞国家森林公园，地处新疆历史文化名城"八卦城"——特克斯县境内，位于县城西南38千米处，总面积16400公顷。

科桑溶洞国家森林公园所在地为冰川侵蚀的山岳构造地貌，海拔1500—3500米，有堆积较厚的第四纪沉积物，第四纪古冰川遗迹保存非常完整，角峰、刃脊、冰斗、冰坎、冰川湖遍布，终碛堤、侧碛堤堆积遗迹非常明显，极具科学研究价值，非常特殊的是在森林公园内还有卡斯特溶岩地貌分布，形成了独具特色的科桑溶洞，经专家鉴定，该溶洞是中国最西部的溶洞。

科桑溶洞已探明部分近 3 公里长，溶洞内宽窄不一，最宽处有12 米，窄处仅容一人匍匐通过，洞的顶部，墙壁底部生长着一块块美丽的石钟乳、石笋、石花、石蘑菇，色彩以乳白、奶油黄为主，以绿、兰、黑为铺，千姿百态，洞内各种五颜六色光怪陆离的奇妙景致堪称"梦幻世界"。观赏及科研价值极高。

科桑溶洞森林公园是亚高山针叶林与亚高山草原交错分布区域，公园内集中分布着高大挺拔的雪岭云杉，树龄 200—300 年以上的古云杉遍布林中。

科桑溶洞森林公园森林茂密、草原丰美，给野生动物繁衍生息提供了最佳自然环境，野生动物资源特别丰富，常见的珍稀哺乳动物有雪豹、熊、盘羊、马鹿、北山羊、狍子、野猪等，珍禽类有大天鹅、雪鸡等。这些珍贵的野生动物都具有极高的科研、文教、旅游观赏价值。

日落时的乌苏梭梭林自然保护区的甘家湖

游客在新疆特克斯县参观科桑溶洞。

科桑森林公园里有个小景点叫水帘洞。两股山泉从 60 米高的悬崖上倾下，形成飞瀑，瀑布下落变化为雨帘。帘后的石壁上有天然大洞，人可以绕过水帘进入大洞。向洞内张望黑乎乎的，有风从耳边掠过，不知此洞到底有多深，不禁使人联想起那花果山的美猴王。水帘洞也因而得名。

传说，很久以前，科桑溶洞曾经摆过一场盛宴，一群精灵和神仙被邀请来赴宴。当他们来到大自然的怀抱，面对盛开的天然钟乳石花朵，心花怒放。大家都称赞天然钟乳石千姿百态，石头蘑菇"味道不错"。

美丽的西天山："天然基因库"

美丽的西天山国家级自然保护区，被誉为"天然基因库"，具有很高的自然保护价值和科学研究价值。

"天然基因库"西天山国家级自然保护区位于新疆伊犁巩留县东部，坐落在中天山西部，伊犁河支流大吉尔格郎河中游南岸，在中天山支脉那拉提山的北坡。

来自西天山国家级自然保护区的资料显示，西天山国家级自然保护区面积达 28000 公顷。天山西部林区的中心位置，保护区的前身是 1983 年成立的巩留雪岭云杉自然保护区，2000 年 4 月晋升为西天山国家级自然保护区。有世界唯一的野核桃林，主要保护对象是云杉林及其生态环境。

西天山自然保护区内有发源于南面那拉提山的高山冰川，积雪带下部的三条主要河流（乌勒肯库尔德宁、沙特布拉克、协天德）形成了基本平行且呈南北走向的三大沟系。保护区河谷切割深，坡度陡峭。外围北、东、南三面高山环绕，阻隔了蒙古高压干燥气流和南下的西伯利亚寒流的侵扰，也免受了南疆干热风的影响，而来自大西洋及里海的暖湿气流从伊犁河谷进入，受到高山阻挡形成降水，气候条件独特而优越。

保护区内物种种类繁多，据初步统计已发现高等植物分属 70 科 339 属 752 种。已被列入《国家重点保护植物名录》的有新疆野苹果、野杏、阿魏、紫草、雪莲、黄芪、牡丹等 10 余种。

保护区内保存完整的原始云杉类型及山地植被自然垂直带谱，是天山山地森林生态系统的典型代表，是目前天山林区仅有的一片生长最好、分布集中的原始云杉林，并保存着由新疆野苹果、新疆野杏所组成的野果林。保护区内的雪岭云杉及其变种天山云杉，具有树体高大，材质优良，抗性强，生产力高的特点，是历史遗留给人类的珍贵树种，具有重大的自然保护和科研价值。另有大型真菌 20 科 55 属 90 种。

保护区内生态系统保持完好，有陆栖脊椎动物 21 目 52 科 146 种，其中列入国家重点保护的野生动物有雪豹、北山羊、金雕、黑鹳、石貂、盘羊等 24 种。

以恰特布拉克山峡谷为核心的西天山国家级自然保护区，堪称雪岭云杉的王国。这里高山冰雪覆盖，山坡林木参天，博大的山岭，蕴

云杉掩映下，毡房点点，风光如画。

藏着连绵浩瀚的云杉，海拔 1500—2000 米左右，面积达 280 平方千米。

雪岭云杉是天山林海中特有的一个树种，常绿乔木。天山的雪岭云杉，据说是在 4000 多万年前，由青藏高原迁徙而来，演变成大西北独有而又最为壮观的林木。

天山林区中 90% 以上的林地，都有雪岭云杉生长。伊犁河畔的那拉提山是雪岭云杉最为繁茂的地区。树高达 50—60 米，年轮都在 300—400 年以上。

这样的原始森林，世所罕见。

因此，西天山自然保护区成为一个独具特色的物种资源库。

奇树的盛宴：天山神木园

天山神木园是被大漠戈壁包围的一片绿色飞地。有泉水的地方必有绿洲，这是沙漠地带的一般规律。当你走进天山神木园景区，刹时就感觉到了凉爽、湿气。望不见边沿的遮天蔽日的密林将你包围住了。

你仿佛来到了大树的王国，大树的首都，到处是参天大树。大树间有一些蒙古包、毡房，是游客就餐和休息的区域。

天山神木园，是奇树的盛宴。园内有多种树木，除了最多的怪柳，还有大量榆树、杨树、核桃、杏树、白蜡树等。

奇，是天山神木园几乎所有景点有特色的大树的一个共同特点。

比如有一棵千年怪柳，它的根扎在有水源的土壤里，可是她的躯干伸得很远，偏离了有水源的土壤区，快伸进沙漠里了。然而，这棵有智慧的千年怪柳（我称它是"有智慧的树"）却能够及时拐回头——"浪子回头"，又把躯干和枝条拐回了有水源的土壤区域，挽救了自己。一般情况下，不要说离开水源，即使靠近被太阳烤得滚烫的沙子，都将被灼伤，最终干枯而死。我相信这棵千年怪柳真的是有智慧的。

还有一棵千年"无根树"。它的根已经全部干枯了，它的躯干伸向天空，盘旋曲折，伸到半空中又猛地扑下身子，犹如蛟龙，将自己的躯干紧紧贴近潮湿的土壤，匍匐于地，以吸取水分，就依靠这个，

天山神木园中的怪树

依然顽强地活着且枝繁叶茂。

还有一株核桃王树，至少有 500 岁了吧，占地有几亩，年产核桃 1 吨以上。

天山神木园是个不高的"山地"，有高处，有低处。高处不高，低处不低。海拔 1700—1800 米。最重要的是高处有一眼泉，泉涌不止已经数千年。你不能不赞叹大自然的神奇，可以这样说，没有这眼泉，就没有天山神木园里那无数棵千年参天大树。

据当地导游介绍，天山神木园，又称库尔米什阿塔木麻扎，有600 多亩。维吾尔语"库尔米什阿塔木麻扎"，意思为传经圣人的墓地。天山神木园位于天山托木尔峰南侧前山区，是历史上伊斯兰教集会和朝拜的圣地。库尔米什阿塔木麻扎，就是神木园边上那片土坡上的墓葬群。

天山神木园内，异草神花，甘泉潺潺，绿荫如盖。伊斯兰教徒常在神木园内进行穆圣活动。

你可以选择最终在园中一棵最高大的杨树下站定观察。它高约百米，直径有六七米，树龄有上千年吧。欣赏着它，你会唏嘘不已。你也许会想，比起一棵树，自己太渺小了，而生命又是那么脆弱。

园林生态典范：乌鲁木齐植物园

姹紫嫣红的花朵，高耸挺拔的树木，千姿百态的园艺花木，各类罕见的珍稀濒危植物……它们汇聚在这里。

这里是植物最温馨的家园，这里是最适宜植物生长的天堂。

这里就是赢得广大市民们喜爱的园林生态典范——乌鲁木齐植物园。

乌鲁木齐植物园建于 1986 年，陆续建成了月季园、宿根花卉区、种植示范区、果树区、荒漠植物区、松柏区、忍冬区、蜜源植物区、蔷薇园 9 个专类园。

　　乌鲁木齐植物园风景宜人，多少年来，都是乌鲁木齐市民游览、观光、休闲、散步、欣赏各类植物花卉首选的市内风景区。

　　乌鲁木齐植物园位于新疆乌鲁木齐市北部的中心地带，是国家3A 级景区。四面公交线路纵横，交通极其便利，离乌鲁木齐市最中心区域仅仅 10 分钟车程。以广泛搜集和发掘新疆野生植物资源、保护新疆珍稀濒危物种和广泛引进园林观赏植物为重点，以突出地区特色、突出植物造景为建设方向，建立具有园林生态环境、科学实验与展览内容的植物园，以满足科研、科普、开发、旅游的需要。

　　乌鲁木齐植物园很大，占地 60 余公顷。目前已搜集各类植物 400余种（不包括品种），其中鹿根、沙冬青、裸果木、西伯利亚冷杉等10 余种新疆珍稀濒危植物，宿根花卉 46 种，一二年生草花 20 余种。

　　这里春夏秋都满眼绿色，即使到了冬季，也有可欣赏之处——温

乌鲁木齐市植物园主办的第十届金秋菊花展

乌鲁木齐市植物园，前来赏花的市民络绎不绝。

室花卉。乌鲁木齐植物园温室花卉的发展，给乌鲁木齐的冬天带来一片又一片绿意。乌鲁木齐植物园建成了一座约一千平方米的智能温室，同时建成了三座约两千平方米的日光温室、组培实验室等设施。

喜讯不断，近年来，乌鲁木齐植物园先后完成了国家、自治区、市级的多项课题，并频频获奖。

最精彩的要属一年一度的菊花展了。每年深秋，乌鲁木齐植物园都要举办一次规模宏大深受乌鲁木齐各族群众喜爱的菊花展。菊花展期间，成千上万的乌鲁木齐各族群众蜂拥而至，热闹非凡。菊花展上，熙熙攘攘，人们摩肩接踵，争先恐后观赏乌鲁木齐植物园精心准备的上千个品种的精品菊花。各种艺菊造型争奇斗艳，场面壮观。大家爱美，爱花，爱菊，爱花艺，爱园艺，更爱乌鲁木齐植物园。

诗人、画家、摄影家……也纷纷拿起了笔，架起了画架，举起了相机……

壮美新疆

悠然见南山：

新疆是个好地方

世界遗产"天山明珠"：天山天池风景名胜区

  天山天池已经成为世界遗产。天山天池风景名胜区，位于新疆阜康市境内，系国家 5A 级旅游景区。是一处以高山湖泊、云杉林和雪山景观为特色的中国著名避暑旅游胜地。1982 年 11 月，被国务院批准为国家第一批重点风景名胜区。1990 年联合国设立的"博格达《人与生物圈》保护区"，把天山天池风景区纳入了保护区的范围。

  天池的天，蓝得深远；天池的云，白得耀眼；天池的林，绿得出奇。轻风过处，天池波光灵动，身姿婀娜。没有风的时候，它恢复了清澈，宁静。

  天池四季，景色俱佳。古往今来，文人墨客多吟诗赋文，备极赞誉。《穆天子传》中记载周穆王曾在天池之畔与西王母欢筵对歌，留下千古佳话，令天池赢得"瑶池"美称。

天池

大约在1300年前，李白写过一首题为《周穆》的诗，里面提到天池，有"西海宴王母"和"瑶水闻遗歌"的句子。不能不说是一种遗憾的是，李白一生虽云游四海，却偏偏错过了他诗歌中吟咏过的天池。

当代的天池，已经成为中国国家级重点风景名胜区，500平方千米的规划面积，设立了几十个景点。仙女本来不打扮就够漂亮的了，这下更美了。

乌鲁木齐离天池这么近，近得像一对恋人。想见面了，当天就能够相拥在一起。

天池是天山冰川积雪之水，有血性，有个性。

天山天池风景区以天池为中心，包括天池上下4个完整的山地垂直自然景观带，总面积380.69平方千米。天池湖面呈半月形，长3400米，最宽处约1500米，面积4.9平方千米，最深处约105米。有"天山明珠"的盛誉。

天池自然保护区可分为"大天池北坡游览区""大天池游览区""十万罗汉涅般木山游览区""娘娘庙游览区"和"博格达峰北坡游览区"，每区八景，五区四十景。

天池东南面就是雄伟的博格达主峰，海拔达5445米。主峰左右又有两峰相连。

天池四周的山腰上，有许多云杉林，是著名的风景树。

清代，天池周围曾修建过铁瓦寺、娘娘庙等"八大庙"，现已荡然无存。娘娘庙后经人募捐修复供香客使用。天池周围，还有"石门一线""龙潭碧月""顶天三石""定海神针""南山望雪""西山现松""海峰展""悬泉飞瀑"八大景观。每年都吸引着大批中外游客。冬天的天池，是中国少有的高山滑冰场。

天池以西三公里处是灯杆山，由灯杆山西眺，乌鲁木齐可尽收眼底。

新疆天山天池风景名胜区景点有很多，介绍几处著名景点，如果

想要一睹天池风采，还得亲身体验。

"天池石门"（景名为"石门一线"）

　　石门是进入天池风景区的天然山口，两侧宽约百米，最窄处仅10来米。石门两峰夹峙，一线中通，是河道切割形成的峡谷，故又称"石峡"。石壁高达数十米，长约100米。石色赭暗，如同铁铸，

天池冬景——摄于昌吉州·天池风景区

又称"铁门关"。有诗曰："巍峨石峡瑶池门，峭壁悬天险断魂。鬼斧神工刀劈就，一线通途上青天。"

"五十盘天"（地名为"五十盘"）

说的是上天池顶的盘山公路，约五十盘。"五十盘"的大湾子处，今新建有"闻涛亭"（旧亭"观瀑亭"已坍塌）。

"王母脚盆"（又名"西小天池"，景名为"龙潭碧月"）

在"五十盘天"的第三盘的右下方，海拔1660米之处，有一池，由天池湖水从地下渗漏入池，传说此池是"王母娘娘的洗脚盆"。

"悬泉飞瀑"（地名为"东小天池泻水瀑布"）。

东小天池北岸断崖峭壁，高近百米，故称"百米崖"。每年夏季，冰雪融化，池水上涨并由北岸泻漏下跌，形成近百米高的瀑布，故称"悬泉飞瀑"。

"镇海古榆"（又名"定海神针"）

天池湖畔有一颗千年大榆树，那就是驰名中外的"镇海古榆"。天池北岸的这颗古榆树，相传是西王母的神簪化成。

"瑶池风帆"

天池南岸，一片松海。夏季运送枯木，从南至北无路可行，只得将木捆扎成排，放入池中顺水而下，此时需小扬风帆。放木排的最好时机，是在夜间刮下山风时进行，乘风破浪，片刻即到。在风帆上点盏小灯，一为照明指航，二为图个吉利。放木工站立于排上，掌舵扯帆，此时，人去鸟归巢，山睡林酣，万空皆寂。

"夜观天灯"

相传，达摩曾在天池东岸一个山洞里"面壁坐禅"，此洞后称"达摩禅洞"。人们为了纪念他所传的禅法，就在"达摩禅洞"对面的一座山上立一松杆，上挂"天灯"，寓意：释迦牟尼的禅法是"黑暗中的一盏明灯"。

"铁瓦寺址"

在天池西北岸约700米处，有一遗址名为"铁瓦寺遗址"，铁瓦寺始建于南宋。

铁瓦寺重建于清代乾隆年间。因用青砖砌面，铁瓦铺顶，故称"铁瓦寺"。光绪年间，铁瓦寺得到重修，因为博格达山又称"福寿山"，所以，铁瓦寺这时也称"福寿寺"。寺坐西朝东，右配殿供奉丘处机等。

"东岳庙址"（又名"山神庙址"）

《西域番国志》记载道："百余里有灵山，相传为十万罗汉佛涅般木之处。近山有土台高十余丈，云唐时所筑，台畔有僧寺，寺下有石泉一泓，林木数亩。由此而入出，行二十余里，经一峡之南……池东面，山石青黑，又南行数里，矮坡上赤土中，有白石一堆，莹洁如玉，高出地上三四尺，云此为辟支佛涅槃之处（"东岳庙"所在地）。"

《穆天子传》中"春山"的出现则比现在流行的五岳之名早约5个世纪。"春山"后来又衍写成"泰山""香山""天山"等。因此，本义的"泰山"指现在"天山"东段的博格达峰，博格达峰海拔5445米，比现在流行的"五岳之首"山东省境内的"东岳泰山"高3900米。早在1890年，当时的博岳庙道长就私下认为"泰山"应是新疆的博格达山，博格达山可称"新疆泰山"，故将"博岳庙"改为"东岳庙"。

"顶天三石"（又名"擎天三石"）

禅灯山山头耸立着3块巨大的石笋，其状如戟，指向长空，似有苍天赖此3石顶撑之势。传说，王母娘娘在灯杆山上立下1块巨石，用簪子劈成3半，撑住西天，这就是使天下太平的"顶天三石"。

"人间仙境"：喀纳斯

走进喀纳斯，就仿佛走进了人间仙境。

喀纳斯国家级自然景观保护区，被誉为"地球上最后一个未被开发的原始生态自然景观"。它在中国新疆阿勒泰地区布尔津县境内，面积约5000平方千米。属森林型综合性自然保护区，这里森林茂密、花草丰美、飞禽走兽都受到了很好的保护。

喀纳斯国家级自然景观保护区，具有阿尔泰山区的典型特点。其山地草原带、山地森林带、草甸带、亚高山草甸、高山草甸与山地冻原带、冰川恒雪带等往往由海拔高度决定，不同海拔的景致明显不同。

整个景区生态系统保存完好，风景宜人。

　　喀纳斯河为保护区内的主要河流，自东北向西南纵贯全区，注入布尔津河。由于冰川强烈剥蚀，由高山河流拓宽、加深形成的阿克库勒湖和喀纳斯湖，就像两面巨大的明镜，成串珠状镶嵌在喀纳斯自然保护区的中心地带。

喀纳斯神仙湾

　　喀纳斯湖，湖面海拔1374米，湖长约24.6千米，宽1.9—3.2千米，平均水深90米，最深188米，水面面积6.9万亩，蓄水量40亿立方米，是中国最深的深水湖之一。湖周是森林、草原、冰峰。在海拔2030米高的观鱼亭，能够俯瞰喀纳斯湖全景。

　　喀纳斯湖湖水的颜色从源头到下游不一，季节不同、光照不同颜

喀纳斯月亮湾

色也不一，有浅蓝、深青、乳白、碧绿等颜色之别。

喀纳斯湖"湖怪""水怪"的传说，也给喀纳斯湖蒙上了一层神秘的面纱。但科学家认为，那很有可能只是一种巨型哲罗鲑，就是老百姓所说的大红鱼。

喀纳斯国家级自然景观保护区周边生活着图瓦人。

有人说，图瓦人是成吉思汗大军西征时遗留的部分士兵和家属的后裔。也有人说，他们的祖先是 500—600 年前从西伯利亚迁移而来，与俄罗斯的图瓦共和国图瓦人属同一个民族。图瓦人的生活习惯比较独特，除过中华民族的春节与元宵节，还欢度蒙古族传统的敖包节及当地的"入冬节"等。图瓦人多信佛教，居住于喀纳斯湖湖畔的图瓦村与白哈巴图瓦人村落。饶有趣味的民族风情，使喀纳斯湖景区多了一份民俗色彩。

"地球上最后一个未被开发的原始生态自然景观"，仅凭这个，喀纳斯就已经具有了足够的吸引力，加上别有一番特色的民族风情，因此，近年来，无论春夏秋冬，喀纳斯的游客络绎不绝。

"绿珍珠的故乡"：葡萄沟

葡萄沟风景区，位于中国新疆吐鲁番城郊东北角火焰山西侧的一个大峡谷内。葡萄沟距吐鲁番市区不到 20 公里。

葡萄沟

葡萄沟的葡萄成熟了

　　葡萄沟风景区，被誉为"绿珍珠的故乡"，以盛产优质葡萄而闻名中外。有人说它是现代桃花源，因在葡萄沟里，到处都是茂密的葡萄树、葡萄长廊，一派田园风光。人工引来的天山雪水沿着第一人民渠穿沟而下，流水潺潺。

　　火焰山夏季炎热，葡萄沟里的农家庭院、葡萄山庄却别有洞天，比较凉爽，堪称"火洲"吐鲁番的避暑胜地。

　　在葡萄架的绿荫里，串串葡萄，晶莹圆润，似绿珍珠，一伸手就能够摘得。芬芳成熟的葡萄，令人垂涎。

　　葡萄沟里，还酿有美味的葡萄酒。人们品尝着甜蜜的葡萄，或品茗着美味的葡萄酒，十分惬意。

　　在葡萄沟风景区，还有一种沿坡建起的一座座土坯建筑，像碉楼，四壁镂出密密麻麻的洞孔，这就是当地人借助火焰山热风以晾制葡萄干的"阴房"。这里出产的葡萄干，品质非常好。

葡萄沟南北长约 9 公里，宽约 2 公里，生活着维吾尔、回、汉等民族六七千人，他们祖祖辈辈以种植葡萄等瓜果为生。

根据中国古籍记载，火焰山、葡萄沟周边种植葡萄已有千年以上的历史。唐太宗遣兵伐高昌之后，曾"收马乳葡萄实，于院中种之，并得其酒法"。

又据《明史·西域传》载，当时吐鲁番已出产无核白葡萄，称其"小而甘，无核，名锁子葡萄"。

现在葡萄沟有葡萄田数百公顷，主要种植著名的无核白葡萄，还种了红葡萄、马奶子、喀什哈尔、比夹干、黑葡萄、琐琐葡萄等品种。年产鲜葡萄近万吨，葡萄干近千吨。这里的无核白葡萄干鲜绿晶亮，其含糖量居世界之冠。在国际市场上享有"中国的绿珍珠"的美称。

每逢旅游旺季，葡萄沟风景区里大批中外游客川流不息。即使是旅游淡季，来葡萄沟风景区游览的游客也络绎不绝。

来一趟"绿珍珠的故乡"葡萄沟风景区，留下的是甜蜜的回忆。

一条头西脚东的巨龙：红山

红山位于中国新疆乌鲁木齐市中心红山公园内，是乌鲁木齐繁荣发展的象征，它气势雄伟，形态壮观，就像一条头西脚东的巨龙一样，昂首屹立在乌鲁木齐市区中心。

红山，是一座褶皱断层山，通体由二叠纪的紫红色砂砾岩构成，西端断崖出现赭红色，故名"红山"。山体长 1.5 千米，宽约 1 千米，呈东西走向，海拔 910 米，相对高度约 400 米，其紫红色沙岩为距今约 2.5 亿年前的大陆环境下沉积而成。

传说，古代这里是一片汪洋大海。红山和与它对峙的妖魔山是海中的两条妖龙，终日兴风作浪。自西王母把海水吸到博格达峰化成瑶池（天池）之后，这儿便出现了草原。但这两条妖龙不死心，想卷土

红山公园

重来。为了"镇山锁水"，1788 年，都统尚安在红山和雅玛里克山各建一座宝塔，红山之巅便有了这座高 10.5 米的青砖实心的九级"镇龙宝塔"，历经 200 多年，至今完好。

原来的乌鲁木齐河，浩浩荡荡地流经红山脚下。

据说早在唐代，红山曾是佛教圣地。相传唐初置庭州时，就在红山修建了一座庙宇，人称"红庙子"。

现在红山已成为乌鲁木齐市的象征，近年又建立起清代民族英雄林则徐的石雕塑像和纪念红山绿化之群雕各一座，登临红山顶上的"远眺楼"，可观边城全貌。

"磨面磨出的风景区"：水磨沟

水磨沟在乌鲁木齐市东郊，是一条长 1000 多米的狭长峡谷山涧，沟内有大小涌泉数十处，积流成溪，自南向北奔腾而下，终年不竭。

水磨沟公园

传说，早在 1733 年，清政府为解决驻军面粉及粮食加工，用 240 两银子购买水磨两盘，在此处磨面，水磨沟由此而得名。此后，达官显贵、文人墨客来乌鲁木齐，都要在水磨沟驻足息憩，他们为水磨沟留下了许多优美诗篇，因此，早在 200 多年前的清朝乾隆时期，这里就已闻名遐迩。如今这里渐渐发展成了水磨沟名胜风景区。

景区大门是一座仿清叠楼古檐式建筑，占地 285 平方米，主楼高 14 米以上，半圆形造型的入口跨度 14.26 米，其巨大的弧形线条与水磨河水奔流而下的形象对应。

跨进大门，是一座仿古式桥——"九龙桥"。九龙桥正对面，是一尊纪晓岚手持大烟袋的塑像。据记载，乾隆三十三年 (1768 年)，纪晓岚因在"两淮盐引案"中涉嫌向他的亲家——两淮盐运使卢见贞密传消息，被乾隆"从轻谪戍新疆"，期间，他曾携侣郊游水磨沟，并留下著名诗句："界破山光一片青，温暾流水碧泠泠。游人倘有风沂兴，只向将军借幔亭。"

水磨沟公园内一景

　　塑像右侧，是接官亭。清光绪二十七年（1901年），清廷贵族、封端王总理各国事务衙门大臣载漪及镇国公载澜兄弟二人，因八国联军入京，奉旨签订"辛丑条约"，引起国人愤慨，慈禧太后为了化解国人不满情绪，将二人作为替罪羊流放到乌鲁木齐。但流放其间，二人仍然享受皇亲待遇，在乌鲁木齐过着奢华的生活。当时，载澜非常喜爱水磨沟的迷人景色，便在水磨沟斥资兴建楼台亭榭供其消遣，为了方便自己接待驻地官员和亲朋好友，就在此修建了接官亭。原有建筑是泥木结构，但雕梁画栋甚是华丽，可惜于民国期间倒塌。现在的接官亭，是2003年修建的，是清泉寺的财神殿。

　　接官亭右边，有一座雕塑，据说，这里就是"香妃出浴"之所。相传乾隆二十五年（1760年），喀什地区26岁的维吾尔族姑娘买买热艾则孜因家族平定叛乱有功被召进京，路经水磨沟时，见这里山峰重峦，古树参天，水雾缭绕，景色迷人，便在水磨沟游玩沐浴。进京后，乾隆对她十分宠爱，因她身上散发着浓郁的香气，所以称她为"香妃"。

"香妃出浴"曾是乌鲁木齐旧八景之一，现在公园内还有"香妃石"，传说那是"香妃出浴"后凉衣服的石头。也有人说，香妃就是乾隆的容妃，是回族人，《清史稿·后妃传》记载："容妃，和卓氏，回部台吉和札赍女。初入宫，号贵人。累进为妃。薨。"

往上，是一条长长的翰文岭。翰文岭全长360米，是在三年内分三次建成的。翰文岭《辞海》的解释为"文翰荟萃的所在"，第一期工程建于1999年，以假山造型为主，选用15块不同形状的黑色优质花岗岩，镶嵌在山壁之间。每块花岗岩上，都刻有一首诗词，这些诗词都是古今文人墨客在游览水磨沟时留下的诗文佳作。

翰文岭最左端，有一座巨大的、形似一本翻开的史书的石雕造型，上面刻着"翰文岭"几个大字。

石雕上面的山坡上，是造型俭朴、茅草搭起的"博望亭"，亭子里耸立着清代大学士纪晓岚的汉白玉雕像。

翰文岭二期工程始建于2000年，除收集古诗19首外，还将清代著名大学士纪晓岚的"炭猴进城""农夫灌地""高炉炼铁""香妃出浴"等四首古诗配以图画，以浮雕的形式展现在游人面前。"炼铁"浮雕诗曰："温泉东畔火荧荧，扑面山风铁气腥，只怪红炉三度炼，十分才胜一分寒。"

根据古诗诗意，二期翰文岭还增设了小桥、溪水、池潭，增建了八仙洞、瑶津亭、漱墨潭、隐龙潭、泻玉桥等相配套的园林作品，与一期工程交相辉映。

相关资料显示，翰文岭二期工程还有新疆岩画集萃，汇集了阿勒泰、巴里坤、温宿、托克逊、呼图壁、木垒、奇台县库甫沟、塔城白杨河全疆八大著名岩画的临摹微缩图，以浮雕形式镶嵌在翰文岭的岩壁上。岩画是古西域人最初文化的见证，美丽多姿的古岩画，是一部镌刻在石头上的西域民族文化史诗。一幅看似构图简单的岩画，往往具有丰富的文化内涵，是远古时代的一种错综复杂的文化表达。它镌

刻着古西域人早期的社会内容：他们的信仰和图腾，他们的生产、生活、狩猎和战争等，它表达着原始西域人的一种美好追求和愿望，它是原始西域人的一种精神寄托。这些岩画中，以呼图壁康家石门子岩雕的生殖崇拜最为罕见，这些岩雕距今已有 3000 多年的历史，构思新颖，内容独特，可谓岩画的精品。

翰文岭三期工程始建于 2001 年，是翰文岭一、二期工程的延续，也是翰文岭总体工程的重点景区，它南北长约 80 米，东西纵向坡长约 60 米，总面积近 5000 平方米。与"八仙洞"相接，地形东高西低，形成高差不等，面积大小不一的四个台地，是构成横贯滨河游览线上的重要集散地，并通过相对密集的园林建筑小品等载体，扩大以水磨沟为核心的历史人文层面，以更形象和生动的表现形式深化主体，是一个理想的公园主体广场。

在翰文岭广场正前方有一幅气势磅礴的汉白玉浮雕，反映的是王震将军率领新疆各族人民在水磨建三个"第一"的历史场景：新疆第一个棉纺织厂——七一棉纺织厂，新疆第一座发电厂——苇湖梁发电厂，新疆第一座煤矿——六道湾煤矿。浮雕对面是一个棋盘广场，标志水磨沟的事业蒸蒸日上，日新月异，不断向前发展，像一盘永远下不完的棋，广场周围摆放着一些造型别致的园林石凳，有孔雀凳，蝴蝶凳，树叶凳，供游人落座休息。

再往前，有一座长亭——萧曹亭，这座亭子也是镇国公载澜修建的。据说，载澜给亭子命名"萧曹亭"是假借萧何和曹参效忠汉高祖刘邦的故事，发泄他对慈禧太后垂帘听政的不满。原亭建于 1901 年，由于历史原因被毁，现亭重建于 1984 年。

萧曹亭之上、清泉山中部的山腰处，矗立着一座禅院，这就是清泉寺。据了解，清泉寺建于 1989 年，占地面积 7000 多平方米，是新疆佛教界最大的佛教胜地，也是乌鲁木齐佛教协会所在地。在大雄宝殿内，分别有观音菩萨、文殊和普贤菩萨的塑像及形态各异的十八罗汉塑像。每逢正月初一、二月初八、三月十六和七月三十、九月二十九等庙会期间，前来烧香拜佛、祈祷许愿的游人们络绎不绝。

萧曹亭之下，是水磨河龙口泉。这里位于水磨河的上中部，下面有一个很大的自喷泉，泉水喷出高达 1 米左右，人们把它称作"龙口泉"。清光绪十一年 (1885 年)，首任新疆知府潘效苏雇用工匠在"龙口泉"上用石雕凿了一个龙头，把泉水引入龙口，从山崖上喷泻而下。后来，为阿谀清朝皇帝的"圣德"，潘效苏又把"龙口泉"改为"慕圣泉"，把清澈无浊的泉水比作皇帝的圣德。不过，现在人们仍然叫它"龙口泉"。

据说，水磨河不只龙口泉一口泉水，过去水磨沟山涧有上百口泉水。1877 年，清朝官吏史善长到水磨沟游览，看到这里数百个自然喷泉在峡谷中喷涌，十分惊叹，写下了"青山露面远相迎，不曾见水已闻声。寻源乃出山之罅，银蟒千条自空下"的赞美诗篇。由于水磨河是由从龙口泉喷出的泉水再汇集水磨沟山涧的其它泉水而汇流成的一条小河，所以当地人又把水磨河称为"万泉河"。

水磨河从龙口泉一直蜿蜒流淌到景区大门，是整个水磨沟景区最灵动的部分。在靠近龙口泉的河边，有座水磨坊，这是一座再现历史景观的仿古磨坊。据说，清乾隆年间，当地官方和民间曾利用水磨沟的水力，在这里置办水磨坊一百多间，为驻军和居民加工食粮，水磨河和水磨沟也正因此得名，后来，随着磨制工具的更新，原有的水磨坊逐渐绝迹。现在看到的这座磨坊是 1992 年的仿古建筑。

水磨坊旁，安置有许多大大小小的水磨。

水磨坊下方的万泉河上，有一座小桥，桥的北面河道中，有二龙戏珠的塑像。

顺着溪流往下走，快到景区大门的时候，溪流形成一潭碧水，碧潭之上，筑有箭亭，箭亭春色曾是乌鲁木齐的一大景致。

阿拉善温泉：理想的疗养胜地

阿拉善温泉位于中国新疆阿勒泰地区福海县北的阿尔泰山上，距县城直线距离 140 千米，南距阿勒泰市 60 千米，有简易山路相通。海拔 1400 余米。

阿拉善，蒙古语温泉沟之意。

阿拉善有大小泉眼 17 处，其中多为温泉，水温在 30 度之间。比较有名的泉眼有心泉、血泉、冷泉、奶泉、胃泉、蛇泉。泉水温度、颜色各不相同。如"热泉"水柱如碗口粗，喷起半米多高；"血泉"殷红似血，从山岩中渗出；"银珠泉"不停地从水底冒出一串串银珠似的水泡；"蛙泉"中有大拇指般大小的青蛙；"蛇泉"内常有几条黑色小蛇盘在水底；"奶泉"因水色如奶汁而得名，泉眼直径约为 40 厘米，每隔 3 秒朝北方喷发一次，水柱高达 80 厘米；"胃泉"据说可治胃病；"冷泉"水温比较低，泉眼上部裂隙中竟生长着 40 厘米胸径的云杉；"心泉"则似心脏跳动、间歇性流出而得名。

泉眼出水温度 34℃—60℃ 以上不等。水中含多种微量原素，对人体有益。尤其是含有氡气的氡泉，更是不可多得，对风湿性关节炎、神经痛、胃病、皮肤病及外伤引起的腰腿疼等均有显著疗效。

现在，血泉和热泉已建成"双泉浴室"，接待旅游者和病患者。温泉附近还建有几间可同时供十几位游客沐浴的浴室，水温约 50 度左右。这里风光壮丽迷人，是理想的旅游疗养胜地。

温泉地带森林茂密，阴坡主要以红松、云杉为主，阳坡则是白桦、青杨交错，有陡峭怪石直立相间分布，恰似一幅天然彩色壁画。一位作家写道："盛夏时节，草莓、野芍药漫山遍野，简直就是一个天然植物园，配上潺潺溪流和几缕袅袅云烟，可谓是人间仙境。"

"奇绝仙境"：果子沟

在新疆，有个被誉为"奇绝仙境"的漫山遍野长着野果树的山沟——天山风景区果子沟。

果子沟是新疆的名胜之一，有中国新疆伊犁"第一景"之美誉。它纵贯北天山，是 312 国道乌鲁木齐—伊犁公路的必经通道，也是进入伊犁的咽喉，自古以来以其险要位置而极受重视。

果子沟全长 28 千米，沿着乌—伊公路的大致走向，就是新疆古丝绸之路的北道。松树头，是果子沟的绝顶之处，北下直达赛里木湖畔，南下直入果子沟峡谷。赛里木湖，亦称三台海子，与果子沟唇齿相依，亦为新疆名胜之一。由松树头南下二台林场，是果子沟的险峻之处。有高山瀑布凌空奔泻而下，极其壮观。

果子沟野果遍布，沟内峰峦耸峙，被清人祁韵士称为"奇绝仙境"。

传说在元代以前，果子沟还是一个不通轮辂的古牧道。南宋末年，成吉思汗挥兵四路西征时，为了加快进军步伐，他的二太子察合台率部在果子沟境内"凿石理道，刊木为四十八桥"，终于凿通了果子沟天险。这在当时不仅加快了作战步伐，为成吉思汗夺取军事上的胜利做出了贡献，也为古丝路新北道找到了一条捷径。

清代乾隆皇帝平定了盘踞伊犁河流域的准噶尔贵族的叛乱，把新疆的政治、军事中心设置于伊犁河畔的惠远城，建立了伊犁将军府以统辖巴尔喀什湖以东以南和天山南北广大地区之后，清政府又在这条沟谷中设立了头台、二台两座驿站，负责传递朝廷政令和边防军情。从此，果子沟更是车水马龙。

《长春真人西游记》中描绘果子沟"左右峰峦峭拔，松桦阴森，高逾百尺，自巅及麓，何啻万株。众流入峡，奔腾汹涌，曲折弯环可六七十里"。

清林则徐"荷戈万里"行经果子沟，也在日记中留下"峰回路转"

的记趣，称其"天然画景……步步引人入胜"。

清洪亮吉过此，更有诗吟咏："看山不厌马蹄遥，笠影都从云外飘，一道惊流直如箭，东西二十七飞桥。"

果子沟到处长满了野苹果、野山杏和野核桃等野果，"果子沟"由此而来。

元初耶律楚材在《西游录》中就说到果子沟"地皆林檎，树阴翳郁，不露日色"。这里所说的林檎就是野苹果。

如今，宏伟的果子沟大桥，也成为了果子沟风景中的另一道亮丽的风景。

美丽的和硕金沙滩

　　和硕金沙滩旅游景区，位于焉耆盆地北部，新疆巴音郭楞蒙古自治州和硕县，中国最大的内陆淡水湖博斯腾湖东北岸，全年平均日照时数为 3166 小时，浴场地质为金黄色的细沙，故称"金沙滩"。

　　这是一个水和金沙相铺相成的美妙新世界。巴音郭楞蒙古自治州是由无数颗明珠组成的中国最大的州，和硕金沙滩是最耀眼的那颗明珠。它是国家 4A 级旅游风景区，其实，在游客眼里，多少个 A 级并

果子沟

175

和硕金沙滩，游人在湖畔嬉水。

不重要，重要的是它有多么浪漫。

　　说到浪漫，和硕金沙滩真够酷的了！沙滩海岸线长 2000 米、宽 160 米，是一处得天独厚的湖泊型天然浴场。在中国最大的内陆淡水湖博斯腾湖湖畔，柔软的催人叫绝的金银色细沙，清澈的无以复加的湖水，自由游弋的渔船快艇，扑面而来的湖浪挽着五光十色、绚丽多彩的阳光，令你分不清哪里是沙哪里是水。神秘莫测的沙水融合，近处沙水连线，远处苇荡密处，鸟儿柔情歌唱，这片神仙之境，直教人心飞魂弛，诗意荡漾，身临其境，想不浪漫都不容易。

　　男男女女，或在这里沙浴、水浴、日光浴，或操纵游艇、快艇、摩托艇、龙舟、空中拉伞、水下潜泳、水上飞机，或尝试沙滩摩托、沙滩排球、沙滩足球、沙滩舞会，或尽享垂钓之乐。每一分钟都惊险，每一个动作都有刺激。处处凸显男人们的潇洒，每每出落女人们的涟漪风情。

沙漠与水，在人们的意识中本是有天壤之别的两种境界，却被大自然神话般的糅合在一起。

在我看来，这里的沙漠是男人，这里的水是女人。沙漠与水，是绝对的浪漫！

新疆奇台硅化木——恐龙国家地质公园

你想象过恐龙张牙舞爪地向你扑来的情形吗？不过，你别怕，你见到的是巨大的恐龙化石。

新疆奇台硅化木（硅化木也称木化石、树化玉，是数亿年前的树木因种种原因被埋入地下，在地层中，树干周围的化学物质如二氧化硅、硫化铁、碳酸钙等在地下水的作用下进入到树木内部，替换了原来的木质成分，保留了树木的形态，经过石化作用形成的植物化石，因其中所含的二氧化硅成分多，所以，常常称为硅化木）——恐龙国家地质公园，位于中国新疆昌吉回族自治州奇台县境内，地处天山北麓，准噶尔盆地东南缘。面积492平方千米，包括硅化木景区、恐龙沟景区、魔鬼城雅丹景区和石钱滩景区。

奇台硅化木群位于世界罕见的富蕴—清河—吉木萨尔—奇台—木垒—八里坤—哈密—伊吾硅化木富集带的中心，这里的硅化木以分布集中、数量和规模巨大、保存极完整而著称。仅在公园硅化木景区11.65平方千米的面积范围内就出露有近千株，是世界上最壮观的硅化木群产地之一。

奇台硅化木树木的原生构造保存清晰，硅化木直径一般0.5—1米，最大者可达2.8米，长一般5—20米，最长者达26米。呈倒伏状、直立状等不同的埋藏状态，反映了在远古时期盆地河湖环境下茂密的森林景观。

新疆奇台硅化木——恐龙国家地质公园

在产出大量硅化木的同一套岩层中，还保存有丰富的恐龙化石。

"恐龙沟"长约5千米，是一条南北走向的山沟，这里环境十分恶劣，植被稀疏，几为生命禁区，却是远古生命的诞生地。

在公园内的戈壁荒漠中，三叠系、侏罗系和白垩系的砂岩、泥岩层历经风霜。

新疆奇台硅化木——恐龙国家地质公园所在的奇台县历史文化悠久，是中国古代丝绸之路新北道的必经之地，现存有众多的古遗址和古建筑。

有段时间，在收藏界，硅化木，成为了一种珍贵的收藏品。

亚洲大陆地理中心：乌鲁木齐市郊永丰乡包家槽子村

乌鲁木齐是世界上距离海洋最远的城市，同时，它也是亚洲的心脏。

亚洲大陆地理中心位于中国新疆乌鲁木齐市永丰乡包家槽子村，经中国科学院新疆地理研究所两年多的测算和实地考察勘定。距乌鲁

亚洲大陆地理中心

木齐市约 30 千米，属在建人文主题公园景区。

景区以亚洲大陆地理中心标志塔为核心和支点，亚心标志塔高 18 米，由四根方形立柱组成，四面均为"A"字型，摹英文"亚洲"名字"Asia"字首"A"之形，寓意亚洲之心。

"亚心"核心景观是分三个层次建造的 7 万平方米的亚心广场。第一层为半径 30 米的花岗岩石块铺成的亚洲地图；第二层是边长为 60 米的花岗岩条石砌成的正方形；第三层是半径 150 米的圆环，并在半径 80 米的圆周上均匀建造亚洲各国形象的展示区，即对花岗岩基材的正立方体的六个平面浅浮雕刻亚洲各国国旗、国徽、地图和其主要特征的图形。

每个石雕与塔心距离均等，布局均衡于亚心塔周围，寓意亚洲各国地位平等、和平共处、共同发展、友好合作。

在亚洲大陆地理中心，你会产生一种奇妙的感觉。感到自己真的就在世界的中心，而不仅仅是在亚洲的中心。

悠然见南山：乌鲁木齐南山风景区

陶渊明有"采菊东篱下，悠然见南山"的句子。不过，我们这里所指的南山，是乌鲁木齐南山风景区，与陶渊明的南山相隔甚远。

乌鲁木齐南山风景区在乌鲁木齐市南部的乌鲁木齐县境内，包括北天山的喀拉乌成山北麓的广大山区。

乌鲁木齐南山风景区自西向东平行分布着东、西白杨沟，后峡，甘沟，灯草沟，大西沟，庙儿沟和板房沟等数十条大小沟谷，既是绝佳的天然牧场，也是避暑、旅游、徒步的仙境。

身临其境过的人都知道，西白杨沟绿草如茵，牛马成群。西白杨沟的尽头，有飞瀑，浪花四溅，凉爽宜人。清代诗人洪亮吉在《天山歌》中写到："天山之石绿如玉，雪与石光皆染绿。半空石堕冰忽开，对

乌鲁木齐南山大峡谷天鹅湖度假村

面居然落飞瀑。青松岗头鼠陆梁，一一竟欲餐天光。"正是写这种景色。

后峡盆地，坐落在天山深处的后峡地区，是连接南北疆的咽喉要道。乌鲁木齐河流经其中。此地区有的云杉高达 50 米，几人都合抱不过来。密林里，松鼠、野兔、旱獭等野生动物跑来跑去，似乎并不怕人。

再往上走，就是乌鲁木齐河的源头——海拔 4000 米以上的"冰川王国"所在地。分布着大小 77 条现代冰川，总面积为 34.5 平方千米。

悬崖峭壁上，偶然能够发现雪莲花、雪鸡，令你惊讶。

乌鲁木齐南山风景区板房沟的照壁山，头屯河沟谷的形状奇特的

"土林"，庙儿沟的松林涌泉等，也都毫不逊色。

据说，南山在唐朝时就已经是狩猎区，清代时是最好的牧场。

首蓿台景区位于南郊托里乡境内，距乌鲁木齐市55千米。海拔2020米，面积3平方千米，是一个山顶草场平台旅游区。从春到秋，景区姹紫嫣红地盛开着十多种野花。神秘的"三峰叠影"更令人流连忘返。

乌鲁木齐南山风景区每年百万游客来此探险、徒步、疗养、度假、避暑、观光、旅游、进行艺术创作。

乌鲁木齐南山风景区还有个被人们称为"菊花台"的地方，是隐居天山深处的"天然大花园"，曾接待过许多中外贵宾。菊花台景区位于南郊甘沟乡境内，距乌鲁木齐市50多千米，海拔2000—2400米，面积约500公顷，是一片缓坡倾斜的冲积扇台面。

漫山遍野盛开着野菊花，令人联想起诗人陶渊明的"采菊东篱下，悠然见南山"的千古名句来。每逢喜庆节日，这里还是哈萨克族牧民举行赛马、摔跤、刁羊、姑娘追、阿肯弹唱会等民间娱乐活动的场所。

参考文献

1. 新疆维吾尔自治区人民政府新闻办公室编《中国新疆旅游向导》，新疆人民出版社，2004年。

2. 新疆维吾尔自治区人民政府外事办公室编《新疆概览》，新疆摄影艺术出版社，1988年。

3. 储安平著《新疆新观察》，新疆人民出版社，2010年。

4. 谢彬著《新疆游记》，新疆人民出版社，2010年。

5. 黄山著《草原在风的指尖上跳舞》，新疆电子出版社，2004年。

6. 胡文康著《新世纪中国新疆旅游总览》，新疆人民出版社，2000年。

7. 丁克、沈伟峰编《新疆博闻》，人民日报出版社，1985年。

8. 李春华主编《新疆风物志》，新疆人民出版社，2000年。

9. 王让会著《塔里木河》，新疆人民出版社，2006年。

10. 黄山、郭晓东等著《诗意新疆》，新疆美术摄影出版社，2006年。

11. 李学亮编著《魅力新疆行——中国最美的地方之新疆篇》，新疆人民出版社，2007年。

12. 斯文·赫定著《罗布泊探秘》，新疆人民出版社，2010年。

13. 黄山著《大自然笔记》，贵州人民出版社，2006年。

14. 斯文·赫定著《横渡戈壁沙漠》，新疆人民出版社，2010年。

15. 林竞编著《亲历西北》，新疆人民出版社，2010年。

16. 斯文·赫定著《我的探险生涯》，新疆人民出版社，2010年。

17. 斯文·赫定著《游移的湖》，新疆人民出版社，2010年。

18. 何红艳主编《中国地图册》，中国地图出版社，2008年。

19. 新疆第二测绘院编《新疆维吾尔自治区地图册》，山东省地图出版社，2007年。

20. 新疆《丝路游》杂志。

21. 部分客观数据资料来源于人民网、天山网等中国官方互联网站和百度百科、360百科等综合信息。